Hans Hauer – Franz Kogler

Shalom!

Judentum zum Kennenlernen

BIBELWERK

4020 Linz, Kapuzinerstraße 84
0732/7610-3231; Fax:-3239
bibelwerk@dioezese-linz.at
www.dioezese-linz.at/bibel

Titelbild: Siebenarmiger Leuchter vor der Knesset (dem Parlament) in Jerusalem.

Redaktion
Mag. Hans Hauer

Bilder
Mag. Hans Hauer, Ingrid Penner

Lektorat
Mag. Renate Leidinger, Dr. Roswitha Unfried

Layout
Michaela Helletzgruber, Horst Bachofner

Herausgeber
Dr. Franz Kogler, Bibelwerk Linz

Bestelladressen
Bibelwerk Linz
Kapuzinerstraße 84, A-4020 Linz, ☎ 0043(0)70/7610-3231
bibelshop@dioezese-linz.at; www.dioezese-linz.at/bibel
ISBN 978-3-902588-11-1

Katholisches Bibelwerk Stuttgart e. V.
Postfach 15 03 65, 70076 Stuttgart, bibelinfo@bibelwerk.de, www.bibelwerk.de
ISBN 978-3-940743-94-7

Linz 2009

Liebe Leserin, lieber Leser!

In einer globalisierten Welt wird es für das gegenseitige Verständnis immer wichtiger, auch die religiöse Denkwelt anderer kennen zu lernen. Erfreulicherweise setzen sich dafür viele Menschen ein und leisten einen großen Beitrag, die geistigen Wurzeln der Gesellschaft zu ergründen. So wird auch an Schulen versucht, den Schülerinnen und Schülern die jüd. Religion verständlicher zu machen – oftmals anhand von religiösen und liturgischen Gegenständen.

Durch Reisen in die Länder der Bibel kommt es zur Begegnung mit der Religion und Kultur des Judentums. Es wird Schritt für Schritt klar, dass es verschiedene Strömungen innerhalb des Judentums gibt und daher auch das religiöse Leben unterschiedlich und in sich vielfältig ist.

Besonders nach der Zerstörung des Tempels in Jerusalem (70 n. Chr.) und im 2. Jahrhundert n. Chr. hat sich das Judentum in seiner Erscheinungsform immer wieder der Kultur und den Sitten der Länder angeglichen, in denen die Juden in der Diaspora lebten. So unterscheidet man zwischen aschkenasischen (Deutschland, Polen, Osteuropa) und sefardischen (Spanien, Portugal bis 1492, später auch z.B. in Südosteuropa und Amerika) Juden. Dazu kommen die orientalischen Juden (Israel, Südostasien, Nordafrika, Indien – sie haben nie in Europa gelebt).

Diese Broschüre will dazu beitragen, dass das Verständnis für das Judentum und die Achtung vor dieser Weltreligion wächst. Letztlich kann es so zu einer Bereicherung des eigenen Lebens und der eigenen Glaubensgemeinschaft kommen.

Es ist gut möglich, einzelne Abschnitte oder Beiträge für sich zu lesen, ohne die vorgegebene Reihenfolge einzuhalten. Beschrieben wird vor allem das Judentum europäischer und nordamerikanischer Tradition (aschkenasisch).

Auch wenn diese Arbeitshilfe von einem Juden durchgesehen wurde, so handelt es sich dennoch um eine Darstellung aus christlicher Sicht.

Zum Kennenlernen des Judentums wünschen alles Gute

Hans Hauer und Franz Kogler
Bibelwerk Linz

Inhaltsverzeichnis

1. Das Judentum

Jüdische Männer in ihrer typischen Kleidung beim Gebet an der Westmauer in Jerusalem.

Das Judentum ist die kleinste, aber älteste der drei monotheistischen Weltreligionen und in vielen Belangen die Wurzel für das Christentum und auch für den Islam. Manche Feiern und Lebensvollzüge haben sich in einer Wechselwirkung zueinander oder Abgrenzung voneinander entwickelt. Nur wer die Herkunft und den Hintergrund zu verstehen sucht, wird das Gewordene besser begreifen. Das jüd. Leben damals und die Hebräische Bibel bilden die Lebens- und Denkwelt Jesu und die seiner ersten Anhängerinnen und Anhänger. Die meisten Aussagen und Bilder im Neuen Testament sind ohne die Hebräische Bibel (in etwa das Alte Testament der Christen) nicht in ihrer ganzen Tiefe verständlich.

Seit einigen Jahrzehnten gibt es einen guten Austausch zwischen Judentum und Christentum sowie bereichernde Begegnungen auf verschiedenen Ebenen. In diesem Dialog werden viele Gemeinsamkeiten entdeckt, aber auch die Verschiedenheiten mit Respekt anerkannt. Der Jude *Dr. Michael Rosenkranz* hat in einem Vortrag für Kinder jüd. Ethik so zusammengefasst: „Ganz am Anfang der Heiligen Schrift steht, dass Gott den Menschen in Seinem Ebenbild erschaffen hat. Das aber bedeutet, dass jeder Mensch, dem wir begegnen, uns das Antlitz Gottes zeigt, und wir in jedem Menschen etwas von Gott erkennen können. Wenn wir aber Gott im anderen Menschen erkennen, wird dieser uns nicht mehr fremd sein. Wir werden ihn achten und lieben können so wie uns selbst. Denn auch wir tragen das Antlitz dieses Gottes, des Einzigen.“ (aus dem Internet: http://www.graz-seckau.at/pa/kgi/religionen/judentum5.php) Dieser Aussage können sich Christinnen und Christen voll und ganz anschließen.

Unter „Judentum“ versteht man Leben und Lehre der israelitischen Religion, die sie in den letzten Jahrhunderten v. Chr. angenommen hat, und deren Entwicklung bis heute.

Wer von einer jüd. Mutter geboren wurde oder zum Judentum übergetreten ist, gehört heute zur jüd. Glaubensgemeinschaft. Das Judentum steht im schwierigen Spannungsverhältnis, ein Volk und zugleich eine Religionsgemeinschaft zu sein. Ein Jude fühlt sich seinem Volk zugehörig, auch wenn er sich nicht als religiös bezeichnet. Zur Religionsausübung gehören vor allem die Beschneidung der Männer, das Halten des Sabbats und der anderen Weisungen (der Tora) sowie der Wortgottesdienst in der Synagoge, der sich unabhängig vom Opferkult im Tempel von Jerusalem entwickelt hat. Religiöse Hoffnungen sind das Kommen der Gottesherrschaft und des Messias. Autoritäten waren Priester und Schriftgelehrte (Rabbinen), nach der Zerstörung des Tempels (70 n. Chr.) sind es nur mehr Letztere.

Die Kippa (Kopfbedeckung) tragen jüd. Männer den ganzen Tag über – hier Knaben bei einem Schulausflug.

Die Bezeichnung „Judentum" kommt von der damals persischen Provinz Juda, die Jerusalem und einen Umkreis von etwa 20 km umfasste. In diesem Gebiet wollten die persischen Großkönige eine stabile Provinz in der Grenzregion zu Ägypten haben. Daher gestatteten sie die Rückkehr der seit 586 v. Chr. nach Babylon ausgesiedelten Juden. Ab 538 v. Chr. entstand die Gemeinde um den wieder aufgebauten (Zweiten) Tempel – das Judentum. Gleichzeitig begann mit den Juden, die in Babylon blieben, das Leben in der *Diaspora* (= Zerstreuung).

1.1 Jüdisches Leben (Geburt bis Tod)

In allen Religionen wird der Lebensweg des Menschen begleitet, gedeutet und durch Feiern markiert. Vor allem die Lebenswenden (Geburt, Namensgebung und Aufnahme in die Gemeinschaft, der Übergang vom Kind zum Erwachsenen, Hochzeit und Lebensende) werden mit Riten, Symbolen und Zeichen feierlich begangen.

Das Leben von Jüdinnen und Juden ist geprägt vom Bund Gottes mit seinem Volk. Alle Ereignisse des Daseins werden auf diesem Hintergrund vollzogen. Die Erwählung des Volkes ist Gabe und Aufgabe zugleich. Das kommt im gesamten Leben und besonders an den Lebenswenden zum Ausdruck.

a) Beschneidung

Die Geburt selbst ist nicht von religiösen Riten umgeben. Aber am achten Tag nach der Geburt wird das männliche Kind beschnitten und in den Bund aufgenommen, den Gott mit Abraham geschlossen hat (vgl. Gen 17,10–14). Es ist möglich, dass in frühen Zeiten die Mutter die Beschneidung vorgenommen hat; man beruft sich für diese Annahme auf Ex 4,24–26. Heute wird die Beschneidung der Vorhaut in der Klinik, in der Synagoge oder (eher selten) auch im eigenen Haus vom so genannten *Mohel,* einem eigens dafür ausgebildeten Mann, ausgeführt. Während der Beschneidung spricht der Vater: „Gelobt seist du, Ewiger, unser Gott, König der Welt, der du uns geheiligt durch deine Gebote und uns befohlen, den Sohn in den Bund unseres Vaters Abraham aufzunehmen."

Die Teilnahme am Ritus und dem daran anschließenden Mahl ist für jene, die eingeladen sind, eine Glaubenspflicht. Ein Pate *(= Sandek)* hält das Kind während der Zeremonie. Ein leerer Sessel symbolisiert den Propheten Elija, der nach biblischer Erzählung voll Eifer für den JHWH-Glauben eingetreten ist und als Hüter des Bundes gilt (vgl. 1 Kön 19,10.14). Die Beschneidung ist verbunden mit Segensgebeten für das Wachsen des Kindes im Torastudium, in der Ehe und im Tun guter Werke. Zugleich mit der Beschneidung erhält der Knabe den Vornamen; Mädchen erhalten den Namen im Sabbat-Gottesdienst. Ist der

Knabe ein Erstgeborener, wird er 30 Tage nach der Geburt durch ein „Ersatzopfer" ausgelöst (vgl. Ex 13,2.12–16; Lk 2,22–24).

Die Beschneidung war im Alten Orient nicht nur in Israel bekannt, wurde aber nach und nach immer weniger praktiziert. In Israel forderten schon die Propheten neben dem äußeren Zeichen der Beschneidung eine „Beschneidung des Herzens" (Jer 4,4; vgl. Dtn 10,16; Röm 2,28–29). Im Babylonischen Exil (586–538 v. Chr.) wurde sie zum Zeichen der Zugehörigkeit zum Gottesvolk, zum wahrnehmbaren Bekenntniszeichen, das diese Zugehörigkeit auch äußerlich erkennbar macht. Seit der Zeit der Religionsbekämpfung durch die Seleukiden war sie ein Erkennungszeichen, das man mitunter operativ rückgängig zu machen versuchte. Heute finden wir die Beschneidung auch in anderen Religionen, vor allem im Islam.

Die Beschneidung eines neugeborenen jüd. Knaben am 8. Tag nach der Geburt.

b) Bar Mizwa (Sohn des Gebotes)

„Ein Fünfjähriger zum Lernen der Schrift [Tora], ein Zehnjähriger zum Lernen der Mischna, ein Dreizehnjähriger zu den Geboten ..." (Sprüche der Väter 5,25). Diese Aussage stammt von *Jehuda ben Tema,* einem Rabbi des 2. Jahrhunderts n. Chr. Erst spät entwickelte sich aus einer schlichten „Markierung", durch die der 13-jährige Knabe zu den Erwachsenen zählt, ein mehr oder weniger aufwändiges Fest mit Wechselwirkung zur protestantischen *Konfirmation* und katholischen *Firmung.*

Oft wurde und wird beklagt, dass das religiöse Fundament in einer säkularisierten Gesellschaft kaum mehr zu erkennen ist. Heute legt man vor allem in Israel, aber auch in anderen Ländern großen Nachdruck auf die Bedeutung dieses Festes für den Glauben. Besucherinnen und Besucher der Westmauer in Jerusalem werden oft zu Zeugen von Bar Mizwa-Feiern. Zur Bar Mizwa erhält der 13-Jährige die *Tefillin* (Gebetsriemen). Diese werden zum täglichen Morgengebet (außer am Sabbat und den Torafeiertagen: *Rosch HaShana, Jom Kippur* und die drei Wallfahrtsfeste) angelegt. Die Tefillin sind Lederriemen, mit denen die zwei Gebetskapseln am linken Arm und an der Stirn befestigt werden. Die Gebetskapseln enthalten handgeschriebene Pergamentstreifen mit vier Toratexten: Ex 13,1–10; 13,11–16; Dtn 6,4–9; 11,13–21. Von der Bar Mizwa an ist der 13-Jährige ein vollwertiges Mitglied der Gemeinde mit allen Rechten und Pflichten. Er zählt von nun an zum *Minjan* (= zehn Männer, die als Vertreter der ganzen Gemeinde die Voraussetzung dafür sind, dass ein Gottesdienst vollgültig gehalten werden kann). An dem Sabbat, der dem Geburtstag folgt, wird der Bar Mizwa zur Tora-Lesung aufgerufen. Der Vater entlässt ihn aus

Segnung der 13-Jährigen anlässlich der Bar Mizwa-Feier durch Handauflegung und Gebete.

seiner Verantwortung mit einem Lobpreis Gottes: „Gepriesen sei er, der mich von der Verantwortung für diesen Knaben losspricht." Anschließend an den Gottesdienst wird zu einem Festessen eingeladen, bei dem sich der Sohn bei seinen Eltern bedankt.

• ***Bat Mizwa (Tochter des Gebotes)***

Lange Zeit gab es im Judentum keine ähnliche Feier für Mädchen. Die Rollen waren/sind festgeschrieben: Die Männer vertreten den Glauben nach außen hin und sind verpflichtet, die Vorschriften zu halten. Die Frauen sollen nicht an feste Strukturen gebunden sein, um ihre Aufgaben in der Familie und im Haus, vor allem die Einhaltung der Speisegesetze, gut erfüllen zu können. Sie sind daher befreit, die an eine bestimmte Zeit gebundenen Gebote zu erfüllen. (Dies wird bis heute von vielen jüd. Frauen nicht als Diskriminierung empfunden.)
Mädchen werden bereits mit zwölf Jahren volljährig. 1922 wurde die erste Bat Mizwa vom New Yorker Reformrabbiner *Mordechai Kaplan* durchgeführt; erst Jahrzehnte später auch teilweise im konservativen Judentum. Das orthodoxe Judentum lehnt dies ab. Das traditionelle Judentum in Israel (ca. 40%) hingegen begeht die Bat Mizwa.

c) Eheschließung im Judentum

„Lo' tov ..." – *„Nicht gut* ist ..., dass der Mensch allein bleibt" (Gen 2,18). Der Mensch soll „... eine Hilfe als sein Gegenüber" haben (wörtlich Gen 2,18.20). „Seid fruchtbar und vermehrt euch!" (Gen 1,28) gibt einen weiteren Zweck der Ehe an, nämlich Kinder zu haben. Daher ist es nach dem Talmud ein Unglück, ledig und kinderlos zu sein. Das größte Glück ist es, eine gute Ehefrau zu haben. An einer anderen Stelle heißt es: „Ein unverheirateter Mann lebt ohne Gutes, ohne Hilfe, Freude, Segen, Sühne, Frieden und Leben." In der Bibel finden sich keine Anweisungen für den Verlauf einer Eheschließung. Heute werden Hochzeiten (hebr. *Kidduschin; Kiddusch* = Heiligung) in der Synagoge, im Freien oder im Elternhaus gefeiert. Braut und Bräutigam fasten vor der Hochzeit, um eine gute Ehe zu erbitten. In sehr traditionellen Gruppen des Judentums gibt die Braut dem Bräutigam einen weißen Kittel; dieser ist sowohl Hochzeits- als auch Sterbekleid und wird am Sederabend getragen.

Das Brautpaar wird unter einen Baldachin *(Chuppa)* geführt. Der Bräutigam steckt der Braut einen Ring (symbolisiert den Brautpreis vergangener Zeiten) an den Zeigefinger der rechten Hand und spricht dabei: „Sei mir angeheiligt [angetraut] durch diesen Ring nach dem Gesetz des Mose und Israels." Darauf folgt die Verlesung der *Ketubba,* des Ehevertrags. Darin verpflichtet sich der Mann: „Ich will dir dienen, dich ehren und versorgen nach der

Weise jüd. Männer, die in Redlichkeit ihren Frauen dienen, sie ehren, ernähren und versorgen." Damit soll die Existenz der Frau abgesichert werden, vor allem wenn sie zur Witwe wird oder wenn die Ehe gelöst wird.

Nach sieben Segenssprüchen und einer Ansprache des Rabbiners zertritt der Bräutigam ein Glas – auf diese Weise gedenkt man auch im frohen Feiern der Leidensgeschichte des Volkes Israel und der Tempelzerstörung. Man wünscht dem Brautpaar *„Mazel tov!"* („Viel Glück!"). Das Brautpaar zieht sich zurück, isst eine Kleinigkeit und symbolisiert so die eheliche Vereinigung. Danach wird gefeiert. Die Eheschließung ist gültig, wenn im Beisein von zwei Zeugen der Ring angesteckt und die Ketubba verlesen wurde, wenn die Frau einverstanden und schließlich die eheliche Vereinigung geschehen ist.

Ein jüd. Hochzeitspaar in Cäsarea am Meer – Kleidung in westlichem Stil.

• ***Ehescheidung***

Wenn für zwei Menschen das Leben miteinander nicht mehr möglich ist, kann eine Ehe aufgelöst, geschieden werden. Obwohl die Scheidung eine Katastrophe darstellt, wird sie zugelassen, um Ärgeres zu verhindern (vgl. Dtn 24,1–4).

d) Tod und Trauer im Judentum

Wenn es im Judentum heißt: „Kehre einen Tag vor deinem Tod um", dann bedeutet das: Lebe jeden deiner Tage in Umkehr, denn jeder Tag kann der Tag vor deinem Tod sein! So kann der Mensch ohne Furcht vor dem Sterben leben.

Beim Tod eines Menschen sind zwei Aspekte zu beachten: der Respekt vor dem Verstorbenen und die Achtung der Gefühle der Angehörigen. In Anlehnung an Gen 3,19 wurde im Judentum die Feuerbestattung immer abgelehnt. Der Tote wird in dem Kittel, den er unter anderem auch beim Sederabend getragen hat, oder in einem einfachen Leichentuch begraben. In Israel wird der Leichnam direkt in die Erde gelegt, außerhalb Israels (entsprechend den geltenden Landesbestimmungen) in einem einfachen Holzsarg bestattet. Das Begräbnis soll möglichst bald nach dem eingetretenen Tod stattfinden. Als wichtigen Bestandteil der Begräbnisliturgie betet der Sohn bzw. ein naher Verwandter das Totengebet, den *Kaddisch*. Dieses Lobgebet drückt den Glauben an Gott und an den Wert des Lebens aus; es erkennt den Willen Gottes auch in der konkreten Trauersituation an. Weiters wird zum Zeichen der Trauer symbolisch für die Kleidung eine Krawatte oder ein an die Kleidung angeheftetes Band zerrissen. Die Teilnahme am Begräbnis ist religiöse Pflicht und eine gute, verdienstvolle Tat. Aus der Erwartung heraus, dass die in Jerusalem

Beim Besuch eines Grabes hinterlassen jüd. Angehörige einen Stein als Zeichen des Gedenkens.

Begrabenen beim Kommen des Messias als Erste auferstehen werden, ist es der Wunsch sehr vieler Juden, in Jerusalem begraben zu sein. Am Ölberg gegenüber dem Tempelberg befindet sich deshalb ein großer Friedhof. Da aber nur wenige Juden tatsächlich dort bestattet werden können, wird etwas Erde aus Israel in den Sarg vieler Juden in aller Welt gelegt. Nach dem Begräbnis beginnt für die nahen Verwandten das *Schiwesitzen,* das sieben Tage dauert. Dies ist auch die Zeit für Kondolenzbesuche. Die *Schiwa* geht über in eine 30-tägige, weniger strenge Trauerzeit. Kinder trauern ein Jahr lang um ihre Eltern. Am Jahrestag des Todes wird eine Kerze entzündet, nochmals der Kaddisch gebetet und der Grabstein gesetzt. Der jüd. Friedhof ist ein Gedenkort für die Verstorbenen. Er soll einfach angelegt sein, darf nicht aufgelöst werden und sichert als „Haus der Ewigkeit" die Grabesruhe der Verstorbenen.

e) Leben als Frau im Judentum

Über die je eigene Stellung von Mann und Frau im Judentum zu schreiben, ist eine schwierige Aufgabe:

1. *In vielen jüd. Gemeinschaften klaffen das religiöse Gemeindeleben und die soziale Stellung in der Gesellschaft oft weit auseinander.*
2. *Im Judentum gibt es viele Strömungen, welche die entsprechenden biblischen Texte (z.B. Gen 2 und 3) und die späteren rabbinischen Schriften verschieden auslegen.*
3. *Die Kenntnis des Judentums vieler Christen beschränkt sich meist auf das, was im Neuen Testament steht. Dass es aber auch im Judentum Entwicklungen gab (und gibt) und dass das christliche Schrifttum sich eher vom Judentum (leider oft polemisch) abgrenzt und verallgemeinert, ist nicht immer bewusst. So ist ein echtes Kennenlernen kaum möglich.*
4. *Glaube steht in ständiger Wechselwirkung mit der Umwelt, in der die Gläubigen leben. Juden in aller Welt sind an das mosaische Gesetz gebunden, aber auch an die staatlichen Gesetze ihres jeweiligen Lebensraumes. Wenn wir über Frau und Mann im Judentum reden, ist es wichtig zu bedenken, ob diese in Israel, Deutschland, Österreich, in den USA, im Jemen, im Iran oder Irak usw. leben.*

Nach jüd. Verständnis bildet die Mutter das Zentrum der Familie: Sie ist verantwortlich für das Heim, den eigentlichen Mittelpunkt des religiösen Lebens. Auch die Organisation der Feier des Sabbats obliegt ihr. Daher wird der Frau zu ihrem Lob an jedem Sabbat-Anfang ein Lied aus dem Buch der Sprichwörter gesungen (Spr 31,10–31). Die Stellung der Frau im Judentum darf nicht einseitig gesehen werden. Bei den orthodoxen Juden gilt besonders das traditionelle Bild, das die Frau vor allem in Bezug auf häusliche Aufgaben festlegt und ihre Rolle im religiösen Leben bestimmt. In Synagogen des Reformjudentums und in vielen konservativen Gemeinden hingegen sind Frauen und Männer (auch der Sitzordnung nach) gleichgestellt; beide Geschlechter nehmen aktiv am Gottesdienst teil. In diesen Gemeinden können Frauen das Amt der Vorbeterin ebenso ausüben wie das der Rabbinerin. In orthodoxen und einigen konservativen Gemeinden sind diese Ämter aber nur Männern vorbehalten.

Der Bund Gottes mit seinem Volk beinhaltet die Gabe der Weisung in Form der Gesetzestafeln.

1.2 Bund

Neben dem Bund mit Noach (Gen 9,1–17), der allen Menschen gilt, hat Gott mit Abraham und durch ihn mit seinem auserwählten Volk einen besonderen Bund geschlossen. Dieser „Bund auf ewig" (hebr. *berit olám)* ist für das jüd. Volk eine Gabe Gottes und auch eine Aufgabe. Im hebr. Wort für „Bund" steckt auch ein verpflichtender Charakter, weshalb *berit* mit „Verpflichtung" übersetzt werden kann. Das Zeichen des Bundes ist die Beschneidung der Männer (Gen 17,11.24). Im „Sinaibund" wird das Volk erneut auf die Einhaltung der Weisung Gottes verpflichtet, damit es das Leben hat und die geschenkte Freiheit nicht verliert. Darum ist der Bund Gottes mit dem Volk Israel ein Bund der Liebe, wofür das Bild von Bräutigam und Braut verwendet wurde und wird (vgl. Jer 2,2). Auch wenn von einem neuen Bund (Jer 31,31–34) gesprochen wird, so ist es eine Verinnerlichung des ewigen Bundes, wobei der von Israel gebrochene Bund von Gott erneuert und die Gotteserkenntnis ins Herz eingeschrieben wird.

Wie das Zweite Vatikanische Konzil betont, wurde der Bund Gottes mit seinem Volk nie aufgehoben und besteht für ewige Zeiten. Die Konzilserklärung über das Verhältnis der Kirche zu den nichtchristlichen Religionen *Nostra aetate* führt unter Paragraph 4 aus:

„... Bei ihrer Besinnung auf das Geheimnis der Kirche gedenkt die Heilige Synode des Bandes, wodurch das Volk des Neuen Bundes mit dem Stamme Abrahams geistlich verbunden ist. So anerkennt die Kirche Christi, dass nach dem Heilsgeheimnis Gottes die Anfänge ihres Glaubens und ihrer Erwählung sich schon bei den Patriarchen, bei Moses und den Propheten finden. ... Nichtsdestoweniger sind die Juden nach dem Zeugnis der Apostel immer noch von Gott geliebt um der Väter willen; sind doch seine Gnadengaben und seine Berufung unwiderruflich. ... Gewiss ist die Kirche das neue Volk Gottes, trotzdem darf man die Juden nicht als von Gott verworfen oder verflucht darstellen, als wäre dies aus der Heiligen Schrift zu folgern."

Ziegen zählen im Judentum zu den reinen Tieren und wurden in Zeiten des Tempels auch geopfert.

1.3 Speisegesetze

Der Heiligung des Lebens dienen auch die strengen und auf Nichtjuden befremdend wirkenden zahlreichen Speisevorschriften (hebr. *kaschrut*). Orthodoxe Juden essen nur Speisen, deren Zusammensetzung sie genau kennen oder deren koscherer Inhalt von einem Rabbiner bestätigt wird.

- *Reine und unreine Tiere: Koscher* (= „rein", d.h. religiös zulässig; vgl. Lev 11) ist das Fleisch von Wiederkäuern, deren Hufe gespalten sind (Schweinefleisch ist also verboten); Geflügel ist erlaubt, Raubvögel sind verboten; erlaubt sind Wassertiere, die Flossen und Schuppen haben, verboten sind Aale, Muscheln, Insekten (bis auf wenige Arten Heuschrecken). Weiters dürfen Tiere, die andere Tiere fressen, und solche, die von anderen gerissen wurden oder von selbst verendet sind, nicht gegessen werden.
- *Schächtung* (hebr. *schechita)* ist die rituelle Schlachtung, nach der das Fleisch vollständig ausbluten kann. Denn der Genuss von Blut (außer von Fischen) ist streng verboten (vgl. Gen 9,4; Dtn 12,23). Auch bestimmte Teile (z.B. Hüftsehne; vgl. Gen 32,33) müssen entfernt werden.
- *Kochvorschriften:* Fleisch darf nicht mit Milch oder Milchprodukten zusammen gekocht oder gegessen werden (vgl. Ex 23,19). Ein koscherer Haushalt verfügt deshalb auch über getrenntes Geschirr (Fleischgeschirr, Milchgeschirr) und getrennte Abwaschvorrichtungen (oder spezielle Geschirrspüler).

1.4 Ein Jude erzählt

Der als Unternehmensberater tätige Psychologe Raphael Pifko erzählt über seinen Weg als Jude:

„Die Begründer der jüdischen Lernkultur nannten sich *peruschim,* ‚Pharisäer', d.h. ‚Abgesonderte', weil sie sich mitten im Alltag mit ihrer Praxis der Tora von anderen Leuten unterschieden. Erklären heißt unterscheiden. Eine Erklärung lernen heißt unterscheiden lernen. ... So ist auch das Toralernen mit Büchern, der Disput im Lehrhaus, ein intensives Klären zwischen Ja und Nein, zwischen Wichtig und Unwichtig, zwischen Gut und Böse, zwischen dem, was Leben fördert, und dem, was Leben behindert, und deshalb zwischen dem, was getan und was nicht getan werden soll – und das alles mit dem Ziel, mit den Menschen und mit Gott freundlich zu sein. ...

Ich stamme aus einer religiösen jüdischen Familie. Beide Eltern haben ihre Wurzeln in Osteuropa. Das Erste, was ich als jüdisches Kind lernte, war das Lernen zu lernen. Mit fünf

Jahren habe ich im Kindergarten Hebräisch lesen gelernt. Natürlich habe ich nicht verstanden, was ich las. Einer der ersten Sätze, den ein kleines Kind auswendig lernt, ist ein Vers aus der Bibel: *,Tora ziwa lanu Mosche, morascha qehillat Jaakov.'* ,Tora hat uns Moses geboten als Erbteil der Gemeinde Jakobs' (Dtn 33,4). Und dann natürlich das *,Sch'ma Jisrael',* ,Höre Israel', unser Grundbekenntnis, das wir als Kinder vor dem Einschlafen singen lernten. Im Kindergarten wurden wir auch mit den jüdischen Festen vertraut gemacht, soweit wir sie nicht von zu Hause her kannten. ...

Das Kennenlernen der Tora und der jüd. Feste begleitet auch den Alltag der Kinder.

Mit sieben Jahren kam ich an die jüdische Schule an der Freigutstraße in Zürich. Hier werden die Kinder neben den Fächern der öffentlichen Schulen intensiv in das Lernen der Tora eingeführt. Schon in der ersten Klasse lernten wir an sieben Wochenstunden den *Chumasch,* d.h. die fünf Bücher Mose, übersetzen. Später, von der vierten Klasse an, kam der Kommentar von Raschi dazu, der in jeder jüdischen Bibelausgabe dem Bibeltext beigefügt ist. ,Chumasch mit Raschi' ist das Grundwissen, das ein religiös erzogenes jüdisches Kind als Rüstzeug für alles spätere Lernen und natürlich für das Leben mitbekommt. Ab etwa elf Jahren begannen wir die Mischna, die Grundschrift unserer mündlichen Tradition, zu lernen und schon bald folgte auch die Gemara, die zusammen mit der Mischna den Talmud bildet. ...

Mit 14 Jahren kam ich an die *Jeschiwa* (Talmudschule) in Kriens [Kanton Luzern]. Das ist eine religiöse Schule für Jugendliche, in der der klassische jüdische Lehrstoff erweitert und vertieft wird. Die Klassen waren nicht nach Alter, sondern nach den Fähigkeiten und Kenntnissen der einzelnen Jungen eingeteilt. ... Für uns halbwüchsige Jugendliche war der Tagesablauf in Kriens anstrengend. Ausflüge oder Sportanlässe gab es nicht. ... Das zwischenmenschliche Element ist dabei in jeder Jeschiwa sehr wichtig. Das Betätigungsfeld ist nicht nur intellektuell, sondern es lebt auch von der Beziehung zum *Chaver,* dem Lernpartner, der oft über Jahre der gleiche ist und ein Freund fürs Leben bleibt. Wie in jeder Partnerschaft gibt es auch hier Zuneigung und Abneigung. Gegensätzlichkeit der Charaktere, die einander ergänzen. Die *Chavruta,* das Lernen zu zweit, ist ein Herangehen an die Texte der Tradition mit allen Sinnen und intellektuellen Fähigkeiten und mit allen Fragen, die junge Leute bewegen. Die Freude am Lernen habe ich nicht zuletzt Vorbildern von Lehrern zu verdanken. Mit ihrem scharfen analytischen Denken standen sie in der Tradition der litauischen Jeschiwot (Talmudschulen), in denen das Talmudstudium auf einem Niveau gepflegt wurde, das heute nur noch selten erreicht wird. Man nennt die Schüler dieser Tradition bis heute ,Litvaks', d.h. ,Litauer', weil sie als ausgekochte Rationalisten und als äußerst scharfsinnig gelten. ...

Kinder mit einem jüd. Lehrer an der Westmauer; am Kopf tragen sie eine gebastelte Torarolle.

Genau in eine solche ‚litauische' Jeschiwa in Israel siedelte ich nach den Jahren in Kriens über. Sie trägt den Namen des Städtchens Ponowesch in Litauen. ... Die Gestaltung des Lernens in einer Jeschiwa ist für Fortgeschrittene sehr frei, Lehrvorträge gibt es nur wenige. Ich saß mit meinem Lernpartner, manchmal auch allein, unter vielen anderen Talmudschülern vom Vormittag bis spät in die Nacht und folgte dem Stoff, der mich fesselte. ... Offizielle Lernsprache ist in einer solchen Schule bis heute das Jiddische. ...

In einer Jeschiwa gibt es kein Abschlussexamen und keine Zeugnisse, weil der Zweck des Lernens das Lernen selbst ist. ... Lernen ist besonders in der Tradition des litauischen Judentums ... der höchste religiöse Wert überhaupt. Es steht sogar über dem Gebet, weil der Mensch durch das Lernen Zugang zu allem hat, was zwischen Himmel und Erde ist."

(aus: Raphael Pifko, Lernen als jüdische Lebensform, in: Schtetl Zürich, Von orthodoxen jüdischen Nachbarn, Zürich 1997, 163–166 und auf: http://www.payer.de/judentum/jud501.htm)

1.5 Die Heilige Schrift der Juden in ihrem Wert

Über Jahrhunderte wurde die Heilige Schrift der Juden (die etwa dem AT der Christen entspricht) von Christen nur im Hinblick auf die Verheißungen eines Erlösers gelesen und oftmals auch abgewertet. Mit den Erklärungen des Zweiten Vatikanischen Konzils setzte eine gründliche Neubesinnung ein. Besonders klare Aussagen finden sich in dem Dokument der Päpstlichen Bibelkommission *Das jüdische Volk und seine Heilige Schrift in der christlichen Bibel* vom 24. Mai 2001. Bereits im Vorwort schreibt *Joseph Kardinal Ratzinger:* „Es ist klar, dass ein Abschied der Christen vom Alten Testament nicht nur ... das Christentum selbst aufheben müsste, sondern auch dem positiven Verhältnis zwischen Christen und Juden nicht dienen könnte, weil ihnen eben das gemeinsame Fundament entrissen würde. Was aber aus dem Geschehenen folgen muss, ist ein neuer Respekt für die jüdische Auslegung des Alten Testaments."

Weiteres ist unter Artikel 21 *(Aktuelle Perspektiven)* zu lesen: „Das Alte Testament besitzt aus sich heraus einen ungeheuren Wert als Wort Gottes. Die Lesung des Alten Testamentes durch Christen bedeutet nicht, dass man in ihm überall direkte Verweise auf Jesus oder auf die christlichen Wirklichkeiten finden will. ... Umgekehrt kann das Neue Testament nur im Lichte des Alten voll verstanden werden."

In den Schlussfolgerungen (Artikel 84) wird die grundlegende Bedeutung des Alten (Ersten) Testamentes für das Neue Testament mit Bezugnahme auf Röm 11,13–24 klar formuliert: „Ohne das Alte Testament wäre das Neue Testament ein Buch, das nicht entschlüsselt werden kann, wie eine Pflanze ohne Wurzeln, die zum Austrocknen verurteilt ist."

2. Geschichtliche Entwicklungen und Strömungen

2.1 Entstehung des Judentums

Die Vorfahren der Israeliten lebten als Nomaden – auch heute gibt es noch Nomaden in Israel.

Über die Anfänge des Judentums gibt es nur Vermutungen; nach den israelitischen Überlieferungen ist es im bzw. nach dem Babylonischen Exil entstanden. Oftmals wird das Entstehen des Judentums erst nach dem Babylonischen Exil angesetzt. Einerseits gilt Esra (um 400 v. Chr.) als Begründer des Judentums. Andererseits wird das Jahr 520 v. Chr. (Auftreten des Propheten Haggai) als Geburtsstunde an-gegeben. Die Wurzeln reichen jedoch viel weiter in die Geschichte zurück. Im Bereich des so genannten „Fruchtbaren Halbmondes“ (dem Gebiet zwischen Ägypten im Südwesten und Mesopotamien im Nordosten) hat die Geschichte Israels begonnen. Sie ist stark mit jener der Kulturen der umliegenden Völker verbunden, sei es durch Abgrenzung zu oder Übernahme von religiösen Vorstellungen und Lebensweisen. Auf der einen Seite war Ägypten bis zum Beginn seines Niedergangs um 1200 v. Chr. über viele Jahrhunderte ein blühendes Reich mit einer hoch stehenden Kultur. Im Zweistromland entwickelte sich ab 3000 v. Chr. ebenfalls eine Hochkultur mit mächtigen Reichen. Diese wurden immer wieder bedroht durch Bevölkerungsgruppen, die aus den weniger wohnlichen Gebieten (Arabische Wüste und unwirtliches Bergland) in das Kulturland drängten: semitische Amoriter. Den geistigen Mittelpunkt und die Hauptmacht des Zweistromlandes im 2. Jahrtausend v. Chr. bildete Babylon. Assyrer, Babylonier, Elamiter und Hetiter rangen um die Vorherrschaft in diesem Gebiet.

Die Vorfahren der Israeliten waren Wanderhirten (= Nomaden), die im Laufe der Zeit sesshaft wurden. Um 2000 v. Chr. wechselten (Halb-)Nomaden jeweils im Sommer aus den Winterweiden (Wüste – Steppe) in die bereits kultivierten Gebiete des Fruchtbaren Halbmondes. Dort durften die Tiere das Unkraut der abgeernteten Felder abweiden. Verträge regelten die Nutzung der Brunnen. Schließlich blieben diese Gruppen im Kulturland. Zunächst siedelten sie im Buschwald der gebirgigen Höhen, breiteten sich dann aber in den fruchtbaren Ebenen aus und verdrängten die Kanaaniter oder lebten friedlich mit ihnen. Diese „Landnahme“ stellte man später als Eroberung dar. Obwohl die Bibel die Landnahme sehr kriegerisch schildert, hat die Geschichtswissenschaft gezeigt, dass die „Landnahme“ fast ausschließlich ein friedlicher Prozess war, der langsam vor sich ging. Von der Syrisch-Arabischen Wüste her wanderten Gruppen und Stämme in der Zeit der Patriarchen (2000–1200 v. Chr.) in das spätere Israel ein.

Landkarte mit dem Nordreich Israel und dem Südreich Juda aus der Königszeit.

Die Josef-Josua-Gruppe versuchte eine solche „Landnahme" in Ägypten. Die Angehörigen dieser Gruppe gerieten in Abhängigkeit und flohen unter der Führung des Mose. Das Gelingen ihrer Flucht *(Exodus* = Auszug) schrieben sie JHWH zu. Ins Land Kanaan gekommen, riefen sie die bereits sesshaft gewordenen verwandten Gruppen auf, sich mit ihnen zu verbünden. Das verbindende Element war der Glaube an JHWH. Die Erfahrung eines rettenden Gottes derer, die aus Ägypten kamen, glich jener, der schon früher oder aus anderen Gebieten Eingewanderten. Es entstanden Glaubensgestalten wie Abraham und Mose sowie eine durchgehende Erzählung von Abraham bis Josua, mit dem die Einwanderungszeit endet. Eine geschichtliche Erinnerung an ein Bündnis bzw. an die Erneuerung eines solchen findet sich in Jos 24.

Typisch für die Zeit zwischen der Landnahme (ungefähr 1200 v. Chr.) bis zur Errichtung des Königtums sind die so genannten „Richter". Sie sprachen Recht und waren auch Rettergestalten. Von JHWHs Geist erfasst, befreiten sie Israel aus der Gefahr der Feinde. Schließlich wurden jedoch die Philister, ein Feind aus dem Südwesten, so bedrohlich, dass das Volk um einen König rief (1020 v. Chr.). Damit begann die Zeit der Könige. Saul – David – Salomo waren Herrscher über die zwölf Stämme. Nach dem Tod Salomos zerfiel das Reich in zwei Hälften, in das Südreich Juda und das Nordreich Israel (931 v. Chr.). Die beiden Reiche gingen getrennte Wege, zunächst gegeneinander und dann nebeneinander. Im Süden gab es ein erbliches Königshaus, im Nordreich blieb das charismatische (= vom Geist immer neu begabte) Führertum erhalten. Das Nordreich erlag der Versuchung des Glaubensabfalls zu Baal und anderen Göttern, das Königtum im Süden einer absoluten Machtausübung. Beides ist mit dem Glauben an JHWH nicht zu vereinen.

722 v. Chr. wurde Samaria (die Hauptstadt und der letzte Widerstand des Nordreichs) von den Assyrern eingenommen und verwüstet. Ein Teil der Bevölkerung wurde in assyrische Gefangenschaft gebracht, andere Gruppen wurden angesiedelt, wodurch sich im ehemaligen Nordreich eine Mischbevölkerung entwickelte. Politische Selbstständigkeit hat es nie mehr erreicht. Um 300 v. Chr. war auch die religiöse Trennung vom Judentum vollzogen; die Glaubensgemeinschaft der Samaritaner entstand und besteht noch heute.

Das Südreich fiel 586 v. Chr. in die Hände der Babylonier: Jerusalem wurde zerstört und die Oberschicht nach Babel geführt. Dieses Exil war eine Zeit der Krise, in der man die alten überlieferten Glaubenstraditionen sammelte, neu deutete und aufschrieb.

538 v. Chr. gestattete die neue Macht im Vorderen Orient, der Perserkönig

Kyrus, die Heimkehr. Juda und Jerusalem wurden wieder aufgebaut. Der Tempel wurde Zentrum des JHWH-Glaubens. Die politische Unabhängigkeit hat aber auch das Südreich nie mehr ganz erhalten. Perser-, Griechen- und Römerherrschaft wurden nur kurz vom Befreiungskampf der Makkabäer unterbrochen.

70 n. Chr. wurde nach einem jüd. Aufstand der Tempel endgültig zerstört. Von 132–135 n. Chr. versuchte *Bar Kochba* nochmals, das Land von der Römerherrschaft zu befreien. Dieser Aufstand wurde erneut niedergeschlagen. Jerusalem wurde vollkommen zerstört und als römische Stadt (= *Aelia Capitolina;* so nannte man Jerusalem nach 135 n. Chr.) durfte sie kein Jude mehr betreten. Das jüd. Volk lebte überall in der damals bekannten Welt (Diaspora).

70 n. Chr. wurde der Tempel zerstört. Seit dem 7. Jahrhundert steht am einstigen Tempelberg der Felsendom.

In religiöser Hinsicht ist für die Entstehung des Judentums besonders die Zeit ab dem Exil von größter Bedeutung. Das Exil hat eine Neubesinnung auf die Fundamente des Glaubens Israels notwendig gemacht. Andere Völker haben in vergleichbaren Situationen die Religion der Sieger übernommen. Israel fand andere Möglichkeiten und Wege, um die Krise zu bewältigen, die durch den Verlust des Landes, die Zerstörung Jerusalems und den Nieder- und Untergang des davidischen Königtums ausgelöst wurde. Es kam zu einer neuen Deutung der Geschichte und dem Entwurf einer neuen Gesellschaft.

Im Exil wurden Überlieferungen gesammelt und zu einem Ganzen zusammengestellt. Auch neue Schriften entstanden in dieser Epoche. Das Nachdenken über das Geschehen und die Hoffnungslosigkeit der exilischen Gemeinde mündete in die Zuversicht, dass JHWH noch einmal eingreifen wird. So entwickelte sich die Hoffnung auf eine messianische Gestalt, die sich über Israel hinaus ausweitete. Auch Kyrus galt als „Gesalbter JHWHs" (= Messias; Jes 44,28; 45,1). Der „Knecht JHWHs" wird „Licht für die Völker" werden (Jes 42,6; 49,6). Unter „Knecht JHWHs" ist einerseits das Restvolk Israel und andererseits eine Person als ein Gegenüber zu diesem Volk zu verstehen. Im Exil rang sich Israel endgültig zum Eingottglauben durch: Die Existenz und Macht aller anderen Götter wurde geleugnet; diejenigen, die sie verehrten, wurden verspottet (z.B. Jes 41,24.29; 44,9–20). Schließlich verkündete Jeremia einen neuen Bund, der nicht mehr gebrochen werden wird (Jer 31,31–34) und Ezechiel sprach von einem neuen, von JHWH geschenkten, heiligen Leben (Ez 36,22–28). Dem Volk, das keine weltliche Macht mehr besaß, wurde ein neuer Weg gewiesen, wie das Reich Gottes entstehen kann: Er führte von äußerer Macht in die Verinnerlichung.

Die Religionspartei der Sadduzäer war vor allem für den Opferkult im Tempel (im Bild: Modell) zuständig.

Seit der Zerstörung des Zweiten Tempels (70 n. Chr.) gibt es keinen Ersatz für diesen. Fast alle damaligen jüd. Gruppierungen überlebten dieses Ereignis nicht. Die pharisäische Linie, die nicht so sehr an den Tempel gebunden war wie die Sadduzäer oder andere, wandte sich dem Studium der Heiligen Schrift zu und man versammelte sich in den Synagogen. Bei diesen Zusammenkünften wurde kein Opferdienst vollzogen, sondern das Gebet als das „Opfer des Lobes" dargebracht (vgl. Ps 50,14.23) und das Studium der Schrift gepflegt (Treue zur Weisung und Nächstenliebe als Opfer; vgl. Sir 35,1).

Wichtig für das Leben der jüd. Gemeinden wurden die Weisungen (Reinheits- und Speisevorschriften) und die beiden daraus abgeleiteten Bekenntniszeichen für die Zugehörigkeit zum JHWH-Volk: Beschneidung und Sabbat. Durch die Befolgung der Weisungen wurde auch die Hoffnung auf Rettung lebendig gehalten. Die Feier der Feste (Anpassung der früheren Wallfahrtsfeste losgelöst vom Tempel) und manchmal auch sprachliche Eigenheiten stifteten jüd. Identität über viele Jahrhunderte.

Seit der Gründung des Staates Israel 1948 und besonders seit 1967 ist wieder eine stärker priesterlich-theokratische Geisteshaltung entstanden. Die Erwartungen einiger religiöser Gruppen zielen auf die Errichtung eines neuen Tempels in Jerusalem (Opferkult) und einer von der Tora bestimmten staatlichen Gesetzgebung (Gottesherrschaft). Andererseits gibt es auch die Auffassung, dass der Messias den Tempel bringen wird, weshalb ein neuer Tempelbau abgelehnt wird.

2.2 Gruppierungen im Judentum zur Zeitenwende

Im Laufe der Geschichte gab und gibt es immer verschiedene Strömungen, Gruppierungen und Parteien innerhalb des Judentums. Die im 2. Jahrhundert v. Chr. entstandenen lösten sich bis auf die pharisäische Strömung mit der Zerstörung des Tempels oder kurz danach wieder auf. Die maßgebenden Gruppierungen zur Zeit Jesu waren: Sadduzäer, Pharisäer, Zeloten (mit den Sikariern), Samaritaner und Essener.

a) Sadduzäer

Diese Gruppe bestand vor allem aus Priestern; die Sadduzäer benannten sich nach *Zadok,* einem führenden Priester zur Zeit Davids. Die Mitglieder gehörten der religiösen und politischen Oberschicht an. Diese Priesterfamilien waren auf die Ausübung des Tempelkults bedacht, erkannten nur die Tora an (nicht die mündliche Lehre) und glaubten weder an eine Auferstehung noch an Engel. Auch eine messianische Erwartung kannten sie nicht. Sie besaßen großen Einfluss im Hohen Rat und passten sich den politischen Gegebenheiten an. Darum waren sie im Volk auch nicht beliebt. Ihre Einstellung war konservativ und Weiterentwicklungen gab es für sie nicht. Mit der Zerstörung des Tempels (70 n. Chr.) verschwanden die Sadduzäer. Neutestamentliche Belege für diese Gruppe sind unter anderem: Mt 3,7; 16,1–12; 22,23–33; Apg 4,1–3; 23,6–10.

Für die Pharisäer stand das Studium und die Auslegung der Schrift im Mittelpunkt.

b) Pharisäer

Aus der Bewegung der Frommen (Hasidäer; 1 Makk 2,42) entstand um 150 v. Chr. die Gruppe der Pharisäer. Diese Laienbewegung aus der Mittelschicht umfasste um die Zeitenwende ca. 6.000 Mitglieder. Sie waren religiös sehr eifrig und davon überzeugt, dass durch die Erfüllung der Tora, die sie dann später in 613 Gesetze (248 Ge- und 365 Verbote) eingeteilt hatten, das messianische Reich anbricht. Sie hatten keine Naherwartung, glaubten aber an die Auferstehung der Toten und an ein endzeitliches Gerichtsurteil Gottes. Da sie neben der schriftlichen Überlieferung auch die mündliche akzeptierten, suchten sie stets nach einer passenden Auslegung der Schrift. Darum waren sie beim Volk geachtet und als Schriftgelehrte anerkannt. Dem Tempel und dem Kult standen sie kritisch gegenüber; ihr Bereich war die Synagoge. Die Pharisäer waren die einzige Gruppe, die nach der Tempelzerstörung weiter existierte. Als bedeutende Vertreter dieser Bewegung galten kurz vor der Zeitenwende der liberalere *Rabbi Hillel* und konservativere *Rabbi Schammai.* Auch wenn Jesus dieser Gruppierung am nächsten stand, so haftet ihr in den Evangelien kein guter Ruf an, weil die Ablösung und Abgrenzung des Christentums vom Judentum zur Zeit der Abfassung des Neuen Testaments fast nur über die Pharisäer geschehen konnte; die anderen Gruppen gab es nicht mehr. Neutestamentliche Bezüge finden sich z.B. in: Mk 1,22; 2,23–28; 7,1–23; Mt 3,7; 16,1–12; 23,1–39; Lk 7,36–50; 18,9–14; Joh 3,1–13.

c) Essener

Wie die Pharisäer gingen auch die Essener aus der Bewegung der Frommen hervor (140–130 v. Chr.). Die Essener waren sehr streng und radikal, glaubten an das baldige Kommen der Gottesherrschaft und folgten dem Sonnenkalender. Dies waren auch die Gründe, warum sie mit der Priesterklasse in Jerusalem in Konflikt gerieten und sich ans Tote Meer zurückzogen. Die Essener waren nicht auf Qumran beschränkt, sondern hatten ihre Anhänger im ganzen Land und eventuell am Südwesthügel Jerusalems einen eigenen Bezirk. Als „Heiliger Rest" pflegten sie als einzige Gruppierung auch eine zölibatäre Lebensform. Nur Gesunde

Der Widerstand (auch der Zeloten) auf Masada gegen die Römer endete mit dem Freitod der Kämpfer.

wurden in ihre Gemeinschaft aufgenommen und auf Reinheit (Waschungen) wurde viel Wert gelegt. Für den Endkampf waren sie auch bereit, die Feinde Gottes zu töten. Sie erhofften das Kommen eines priesterlichen und eines königlichen Messias. Zur Zeit Jesu dürften dieser Bewegung ca. 4.000 Personen angehört haben. Ob Johannes der Täufer aus ihrem Kreis kam (oder allgemein in die apokalyptische Bewegung einzuordnen ist), ist sehr umstritten. Im Neuen Testament werden sie nicht direkt erwähnt; dennoch scheinen manche Aussagen eine Anspielung auf die Essener zu sein: Mt 5,13–16.43–45; 9,10–13.

d) Zeloten

Das Wort bedeutet „Eiferer" und ist griechischen Ursprungs. In ihrem Eifer für die Tora vertraten die Zeloten die theologische Ansicht, dass das Land Gott gehört. Darum sahen sie in der römischen Besatzung des Landes einen Verstoß gegen das Gebot Gottes. Vermutlich war eine Volkszählung (vgl. Lk 2,2) der Auslöser für ihr Auftreten. Eine Steuerabgabe war für sie die Missachtung des „Ersten Gebotes". Von starker Naherwartung und der Hoffnung auf die Auferstehung erfüllt, waren sie bereit, ihr Leben im Kampf für Gott hinzugeben. Eine besonders radikale Untergruppe waren die Sikarier (Dolchmänner). Mögliche Bezüge im Neuen Testament: Mk 12,13–17; Mt 5,5.9.38–42; 10,34; Lk 6,15.

e) Samaritaner

Bei der Eroberung des Nordreiches (8. Jahrhundert v. Chr.) vermischte sich die verbleibende Bevölkerung mit von den Eroberern ins Land gebrachten Siedlern, so dass die Juden der Jerusalemer Kerngemeinde nach der Rückkehr aus dem Babylonischen Exil die Samaritaner als Mischvolk ansahen und verachteten. Die Samaritaner, die nur die fünf Bücher Mose als Heilige Schrift anerkennen, schufen sich auf dem Berg Garizim ein eigenes Heiligtum, weil sie beim Wiederaufbau des Zweiten Tempels ausgeschlossen wurden (vgl. Esra 4). Zu einer Aussöhnung kam es nie. Noch heute feiern die Samaritaner auf dem Garizim das Paschafest in etwa wie vor 2000 Jahren. Im Neuen Testament werden sie immer wieder erwähnt und von Jesus als beispielhaft hingestellt: Mt 10,5–6; Lk 10,25–37; 17,11–19; Joh 4,7–42; Apg 1,8.

f) Hoher Rat

Der Hohe Rat (Synhedrium, Sanhedrin) stellte die jüd. Führungselite zur Zeit Jesu dar. Er zählte 71 Mitglieder und setzte sich aus dem Hohenpriester als Vorsitzenden (aus dem Priesteradel), den Ältesten (aus dem Adel) und den Schriftgelehrten (Rabbinern) zusammen. Das Synhedrium spielte nach den Evangelien eine entscheidende Rolle im Prozess Jesu (vgl. Lk 22,66).

	Pharisäer	*Sadduzäer*	*Zeloten/Sikarier*	*Essener (Qumran)*
Name und Erklärung	die Abgesonderten	Zadok = Priester zur Zeit Davids	Zeloten = Eiferer Sikarier = Dolchmänner	die Frommen Söhne des Lichts
religiös-politische Praxis	• opferloser Gottesdienst mit Lesung und Auslegung der Bibel und Gebet • Beachtung des Gesetzes • politische Zurückhaltung	• priesterlicher Tempelkult • Mehrheit im Hohen Rat, Hohepriesteramt • Verbindung mit den Mächtigen, Einflüsse in Politik und Wirtschaft	• Aufstände gegen Römer • Durchsetzung des jüd. Gesetzes • Forderung sozialer Gerechtigkeit	• Gemeinschaft ohne Privateigentum • Askese, Ehelosigkeit zum Teil, Zurückgezogenheit, Schriftstudium, Handarbeit, Gebet • Gesetzesfanatismus
Theologische Lehren	• Reich-Gottes-Erwartung • Auferstehungsglaube • viele gesetzliche Lebensregeln	• kein Auferstehungsglaube • nur Gesetze der Tora maßgeblich	• Reich-Gottes-Naherwartung: durch revolutionären Kampf zu erreichen • Lebensregelung durch viele Gesetze • Feindeshass (Römer)	• Reich-Gottes-Naherwartung • priesterlicher und königlicher Messias • strenge Gesetzesauslegung • Feindeshass (Nichtessener)
soziale Stellung	• Laienbewegung • Mittelstand • beliebt beim Volk	• Priesteradel • Oberschicht • unbeliebt beim Volk	• Zeloten: priesterliche Herkunft • Sikarier: alle Schichten • beliebt bei den Armen	• Laien und vor allem Priester • kein Kontakt zu Außenstehenden
Haltung gegenüber Rom	• neutral • zahlen Steuern	• Zusammenarbeit mit Römern • zahlen Steuern	• Bekämpfung der Römer • zahlen keine Steuern	• Ablehnung der Römer
geschichtliches Fortbestehen	durch Pharisäer lebte Judentum weiter	Untergang nach 1. jüd. Aufstand (70 n. Chr.)	Untergang nach 2. jüd. Aufstand (135 n. Chr.)	Zerstörung der Gemeinschaft durch Römer (68 n. Chr.)
Verhältnis zu Jesus	• stehen Jesus am nächsten; teilweise Freunde • Gemeinsamkeiten: Interesse Gottes am moralischen Verhalten, Reich-Gottes-Erwartung, Auferstehungsglaube • Unterschiede: Gesetze heilsnotwendig; Jesus vergibt Sündern bedingungslos	• Gegner Jesu • Gründe: Jesu Nähe zu den Armen Unruhe durch Jesu Verhalten: Angst des Hohen Rates vor Eingriffen der Römer • Auslieferung Jesu an Römer • kein Auferstehungsglaube	• 2 Jünger Jesu (Simon der Zelot, Judas) • Gemeinsamkeiten: Nähe zu Armen und Unterdrückten • Reich-Gottes-Naherwartung • Unterschiede: Jesus lehnt Gewalt, Feindeshass und Gesetzlichkeit ab	• Gemeinsamkeiten: Reich-Gottes-Naherwartung, kein Privateigentum • Unterschiede: priesterliches Elitedenken, asketischer Rückzug, Gesetzesfanatismus, Feindeshass

2.3 Weitere Geschichte des Judentums

a) Die Entwicklung jüdischer Literatur

Die Hebräische Bibel ist die Grundlage des Judentums. Um 200 n. Chr. wurde die *Mischna* (= Lehre) aufgeschrieben. Sie bestand im Wiederholen und Weitergeben der Tora und der mündlichen Überlieferung. Neben dem Zentrum in Palästina entwickelte sich eines in Babylonien. Aus der Mischna entstand in ständiger auslegender Weiterarbeit die *Gemara* (= Niederschrift der Diskussion über die Mischna). Mischna und Gemara ergeben den *TALMUD*. Der palästinische Talmud war um 450 n. Chr. fertig gestellt, der babylonische ungefähr ein- bis zweihundert Jahre später. Der babylonische Talmud ist zur maßgeblichen Autorität des jüd. Religionsgesetzes geworden.

Die weitere rabbinische Bibelauslegung ist der *MIDRASCH* (abgeleitet vom hebr. Zeitwort *darosch* = suchen, forschen). Er ist im 1. Jahrtausend vor allem in Palästina entstanden und nicht mit einer historisch kritischen Bibelauslegung zu vergleichen. Midraschim bringen Gedanken, die man sich zum Text macht; sie sind an sieben festgelegte Regeln gebunden.

Jüdische *MYSTIK* ist eine Bewegung seit dem Ende des Zweiten Tempels. Grundtexte sind die Schöpfungserzählung von Gen 1 und die Thronwagenvision von Ez 1: Man versucht die Schöpfung zu begreifen und die Schau des göttlichen Throns durch den eigenen mystischen Aufstieg durch die sieben Himmel zu verwirklichen. Am Ziel des Aufstiegs erfährt der Mystiker nicht nur die Gottheit, sondern auch das Geheimnis der Schöpfung. Seit der zweiten Hälfte des 12. Jahrhunderts spricht man von der eigentlichen *Kabbala* (= Überlieferung); zunächst in der Provence, später in Katalonien. Dort entstand auch das Hauptwerk der älteren Kabbala: der *SOHAR*. Nach der Ausweisung der Juden aus Spanien 1492 wurde Safed zum Zentrum der (oft pessimistisch gefärbten) jüd. Mystik.

Der Chassidismus entstand im osteuropäischen Judentum im 18. Jahrhundert. Er ist von Freude und Weltbejahung getragen, trotz der oft sehr widrigen Umstände. Zunächst war das Ziel des „Frommen" die Kontemplation; ab der Mitte des 19. Jahrhunderts tritt dazu auch das Studium und es kommt zu einer starken sozialen Ausrichtung. Nach der Schoa (Vernichtung der Juden durch die Nationalsozialisten) leben chassidische Juden vor allem in den USA und in Israel.

b) Die Juden in der Weltgeschichte

Siegreiche Mächte nahmen durch die Geschichte hindurch jüd. Kriegsgefangene mit in ihre Länder (= Deportation). So gab es um die Zeitenwende überall in der damals bekannten Welt jüd. Gemeinden und Synagogen in der Diaspora. Zerstreuung, Wanderung und mehr oder minder geduldete jüd. Gemeinden in einer nichtjüdischen Gesellschaft sind die Merkmale der weiteren Geschichte des Judentums. Die verschiedenen Gemeinden versuchten so weit wie möglich die jüd. Eigenart zu bewahren. Dennoch haben sich die Juden auch angepasst an das jeweilige Land und die jeweilige Kultur. Darum ist die konkrete Erscheinungsform des Judentums sehr vielfältig, wenngleich letztlich alle Juden wollen, dass die jüd. Kultur erhalten bleibt.

Heute unterscheidet man vier große Gruppen:

- orthodoxes Judentum (dies unterscheidet sich wieder in Chassidim, Chabad-Leute; Ultraorthodoxe sind manchmal auch fundamentalistisch)
- konservatives Judentum
- Reformjudentum – liberales (progressives) Judentum
- traditionelles Judentum und nicht religiöse Juden

Orthodoxe Juden wohnen vor allem in Jerusalem.

c) Judentum und Christentum

Nach der Zerstörung des Tempels 70 n. Chr. war von den jüd. Religionsparteien nur die pharisäische Richtung übrig geblieben. Sie gab mit der rabbinischen Überlieferung in Palästina und in Babylon dem Judentum die religiös-literarische Grundlage zum Überleben. Das Zentrum und der Halt der jüd. Gemeinden wurde die Synagoge, die Versammlungsstätte der Juden. Sie ist der Raum für den (Gebets-)Gottesdienst, für das Lesen der Heiligen Schriften und das Auslegen derselben. Nach dem Tod und der Verkündigung der Auferstehung Jesu, der Jude war und als Jude lebte, wurden seine Anhänger von den Juden zunehmend als Fremdkörper empfunden. Einer Zeit der Abgrenzung folgte eine Zeit der Ausgrenzung. Diese Entwicklung fand ihren Niederschlag schon im Neuen Testament. In den frühchristlichen Schriften findet man antijudaistische Äußerungen, die in den christlich geprägten Gesellschaften nachhaltig wirkten. Als das Christentum im 4. Jahrhundert Staatsreligion wurde, begann im Römischen Reich für die Juden eine sehr unsichere Zeit der Unterdrückung und Isolation. Schikanen bis hin zur Zwangstaufe waren die Folge. Die Juden wurden abhängig von der Gunst oder Missgunst der Herrscher, die oft schnell aufeinander folgten. Das Judentum in Europa ist geprägt von Bewahrung der Eigenheit (Isolation, Ghettobildung) einerseits und von Anpassung (Assimilation) andererseits. Mehr oder weniger geduldet lebten Juden meist friedlich unter den Christen – bis zum Beginn der Kreuzzüge.

d) Das sefardische Judentum

Im islamischen Spanien kam es zu einem Zusammenleben von Arabern, Juden und Christen, das sich gegenseitig befruchtete. Ein „Goldenes Zeitalter“ und eine Blütezeit für die Juden im maurischen *Al Andalus* brach an. Im 12. Jahrhundert schuf *Moses ben Maimon (= Maimonides)* die *Mischne Tora*, eine systematische Sammlung aller im Talmud behandelten religionsgesetzlichen Themen in 14 Bänden mit der talmudischen Zählung von allen in der Tora enthaltenen 613 Weisungen (248 Ge- und 365 Verbote). Über Juden und Araber der spanischen Halbinsel kam der in Vergessenheit geratene griechische Philosoph *Aristoteles* wieder ins Bewusstsein der christlichen Wissenschaften. Seine Methode von

In Safed ist besonders das sefardische Judentum beheimatet (im Bild: Synagoge Abohav in Safed).

These – Antithese – Synthese wurde die Denkweise der Scholastik. Stumme Zeugen dieser überaus reichen und friedlichen Zeit sind die maurischen Bauten in Toledo, Cordoba und Granada, welche die Gotik beeinflussten.

Die christliche Rückeroberung Spaniens führte mit großer Härte die „Bekehrung der Juden" durch, die 1492 in der Vertreibung der Juden gipfelte. Die Juden wichen nach Portugal aus, aber auch dort hieß es bald: Taufe oder Tod. Einem Teil gelang die Flucht nach Amsterdam, wo diese sefardischen Juden um 1600 eine Blütezeit erlebten: Amsterdam wurde zum „Jerusalem des Westens".

e) Das aschkenasische Judentum

Einschneidend für die Juden in West- und Mitteleuropa, das in viele kleine Herrschaftsgebiete mit je eigener Rechtssprechung unterteilt war, wurde die Kreuzzugsbewegung (ab 1095). Juden wurden als „Feinde des Glaubens" betrachtet, was einem Freibrief zu Verfolgungen gleichkam. In den verschiedenen Gebieten ordnete man die Kennzeichnung der Juden durch ihre Kleidung an, mit dem „Gelben Fleck" oder dem „Judenhut". Das Leben in Ghettos sollte Juden und Christen trennen. Die Beschuldigung von schwersten Verbrechen (Ritualmord, Brunnenvergiftung, Hostienschändung) und das Anlasten einer Kollektivschuld am Tod Jesu („Gottesmörder") führten immer wieder zu blutiger Verfolgung. Dieses „finstere Mittelalter" dauerte bis zur Aufklärung, lebt(e) aber noch lange im (katholischen) Volk weiter. Luther umwarb die Juden, weil er hoffte, dass sie sich durch das erneuerte Christentum zur Taufe entschließen würden. Da dies nicht geschah, richtete er in den letzten Lebensjahren heftige Angriffe gegen das Judentum.

Durch die Auswanderung der Juden entstanden jüd. Gemeinschaften in Osteuropa, vor allem in Polen, in Litauen und in Russland. Sie stammten aus Deutschland (hebr. *Aschkenas)* und drückten den in Osteuropa bereits bestehenden Gruppen ihren Stempel auf. Ab dem Ende des 19. Jahrhunderts wanderten Juden aschkenasischer Prägung aus Osteuropa in alle Länder der Erde aus: nach Westeuropa, Süd- und Nordamerika, Südafrika, Australien und Asien. Viele Wissenschaftler, Künstler, Inhaber von Handels- und Industriebetrieben in der ganzen Welt gründeten dort ein liberales Judentum.

Während der tristen Lage in Polen/Russland entstanden der Chassidismus und die jiddische Kultur des Schtetls (= Siedlung mit hohem jüd. Bevölkerungsanteil). Pogrome zwangen zur Auswanderung. Als der Kommunismus im Osten versuchte eine gott- und glaubenslose Gesellschaft aufzubauen, begann eine weitere Zeit der Unterdrückung und Verfolgung.

Seit der Mitte des 19. Jahrhunderts begann in Europa einerseits ein durchdachter Antisemitismus (eigentlich Antijudaismus), andererseits entstand die zionistische Bewegung. Der Versuch einer „Endlösung“ der Judenfrage durch den deutschen Nationalsozialismus (1933–1945), von Juden in Israel *Schoa* (= Katastrophe) genannt, wurde zum schwärzesten Abschnitt der jüd. Geschichte.

Am 14.5.1948 wurde der Staat Israel gegründet. Um ein friedliches Zusammenleben von Juden und Arabern wird noch immer gerungen. Der Großteil der Juden lebt weiterhin in anderen Staaten, vor allem in Nord- und Südamerika. Auch eine Rückwanderung nach Deutschland/Österreich fand statt.

Die Gedenkstätte Yad Vashem erinnert an die Gräuel der Judenvernichtung im Nationalsozialismus.

Das Zweite Vatikanische Konzil hat bei den christlichen Kirchen zu einem Umdenken geführt. Der Gruß von Papst Johannes Paul II. an die Anwesenden in der römischen Synagoge am 13.4.1986 drückt dies in Anlehnung an Gen 45,4 auf einmalige Weise aus: „Ich bin Josef, euer Bruder ...“.

2.4 Geschichte des Judentums in Deutschland

Bereits für das 4. Jahrhundert n. Chr. sind im Römerreich jüd. Gemeinden nachgewiesen. Nach der Völkerwanderung kamen Juden auch in die Gebiete rechts des Rheins und nördlich der Donau. Am Hof Karls des Großen wird um 800 ein Jude namens „Isaak“ als Großkaufmann erwähnt. Im 10. Jahrhundert gab es rund 5.000 Juden, ein Jahrhundert später war die Zahl auf das Vierfache angestiegen. Als Kaufleute erhielten sie sehr günstige Privilegien. Die ersten Synagogen entstanden im 11. Jahrhundert in Köln, Worms und Trier.

Zur Zeit der Kreuzzüge wurden die Juden jedoch schwer bedrängt, so dass manche den Selbstmord der Zwangstaufe vorzogen. Vom Vierten Laterankonzil (1215) wurde den Juden als Kennzeichnung der Hut bzw. ein „gelber Fleck“ vorgeschrieben. Da den Christen verboten war, bei den christlichen Glaubensbrüdern Zins zu nehmen, wurden die Juden neben ihrer Tätigkeit als Händler zu Pfand-/Geldleihern. Aufgrund verschiedener Vorwürfe (Legenden um Ritualmorde, Hostienfrevel, Brunnenvergiftung oder Vorwurf des „Gottesmordes“) wurden Juden umgebracht. Andererseits hatten jüd. Geschäftsleute in der spätmittelalterlichen und frühneuzeitlichen Gesellschaft eine Sonderrolle, weil das Zinsverbot für sie nicht galt. Jedoch wurden ihnen die Kosten für die Konzilien von Konstanz und von Basel angerechnet. Das Entstehen der ersten christlichen Banken entzog vielen Juden die wirtschaftliche Existenz. Während der Hussitenverfolgungen wurden die Juden in Deutschland wie in anderen Ländern verfolgt, vertrieben und umgebracht.

Kirchlicher Antisemitismus: Darstellung der Synagoge als blinde Frau (Liebfrauenkirche, Trier).

Um 1600 lebten in Deutschland ca. 9.000 Juden, ein Drittel davon in Frankfurt am Main. In dieser Stadt kam es 1614 zu einem Aufstand gegen Juden und zu Plünderungen. Nach dem Dreißigjährigen Krieg besserte sich die Lage der Juden, denn ab 1648 wurden sie den jeweiligen Landesherren unterstellt und von diesen unterschiedlich behandelt. Aufgrund der Progrome in Polen wanderten viele Juden in die deutschen Städte. Bis zur Mitte des 18. Jahrhunderts wurden einige Judenverordnungen erlassen, in denen unter anderem auch die Kinderzahl der jüd. Familien begrenzt wurde.

Auch in der Zeit der Aufklärung konnte die Frage nach Integration und Gleichberechtigung der Juden nicht gelöst werden; einerseits gab es Erleichterungen, andererseits antijüdische Vorgangsweisen (z.B. im Erziehungswesen). So kam es unter den Juden zu Flucht, Rückkehr und Neuansiedelungen. Die Französische Revolution brachte 1791 in Frankreich eine Gleichstellung für Juden, die aber Napoleon I. 1808 wieder einschränkte. Auch in Deutschland gab es nach den Wirren der Französischen Revolution keine einheitliche Regelung die Juden betreffend; erst 1847 wurde ein Judengesetz erlassen. An der Revolution von 1848/1849 beteiligten sich auch Juden. In diese Zeit fallen bereits antijüdische Exzesse. Trotz der Niederschlagung der Revolution wurde in einigen Teilen Europas für Juden eine Verbesserung ihrer Lage erreicht. Auf politischer Ebene ging es immer mehr hin zur Trennung von Staat und Kirche, wovon auch Juden profitierten. Zu gleichberechtigten Bürgern wurden die deutschen Juden mit der Reichsverfassung von 1871. Viele Juden konnten hohe Positionen bekleiden, Synagogen wurden gebaut und die Gemeinden konnten ihr Leben entfalten, auch wenn ihren Mitgliedern Justiz und Armee noch verwehrt blieben. Bei gesellschaftlichen Problemen oder wirtschaftlichen Krisen allerdings flammte der Antisemitismus rasch wieder auf.

Der Tendenz einer Assimilation am Ende des 19. Jahrhunderts stellte sich die *Zionistische Vereinigung für Deutschland* entgegen. Dies wiederum führte zur Gründung von antisemitischen Parteien. Neben den christlichen Bedenken unterstützte der Darwinismus erstmals eine rassistische Begründung des Antisemitismus.

Im Ersten Weltkrieg verloren 12.000 Juden ihr Leben an der deutschen Front. Durch eine „Judenzählung" im Heer wurde der große Einsatz der Juden dokumentiert; dennoch konnte das Gerücht, die Juden seien „Drückeberger" und nicht loyal zur Heimat, nicht entkräftet werden. So kam es zur „Dolchstoßlegende" (rechte Parteien führten die militärische Niederlage von 1918 auf „vaterlandslose" Zivilisten – darunter wurden auch die Juden gesehen

– zurück) und auch die Russische Revolution wurde den Juden zugeschrieben. Man sprach von einer „jüdischen Verschwörung" gegen die Mittelmächte, so dass die antisemitische Einstellung in einzelnen politischen Gruppierungen und Parteien immer mehr stieg.

Eine besonders schreckliche Epoche für Juden begann 1933 mit der Machtergreifung der Nationalsozialisten unter Hitler. Die Vorgangsweise führte vom Boykott über Plünderungen und Misshandlungen bis zur Deportation und systematischen Vernichtung. Diese Maßnahmen betrafen nicht nur die Juden in Deutschland, sondern genauso Juden in anderen Ländern. Während der Naziherrschaft verloren ca. sechs Millionen Juden in Europa ihr Leben.

Dieses Mahnmal in Yad Vashem erinnert an die Namen der in der Schoa ermordeten Kinder.

Insgesamt konnten etwa 400.000 Juden Deutschland rechtzeitig verlassen und nur ungefähr 15.000 deutsche Juden überlebten die *Schoa*. Nach dem Zweiten Weltkrieg wanderten über 200.000 Juden aus Osteuropa nach Deutschland ein. Mit der Staatsgründung Israels verließen aber viele Juden Deutschland wieder, so dass ihre Zahl im September 1948 auf 30.000 geschrumpft war.

Derzeit leben in Deutschland etwa 100.000 Juden und es gibt nahezu 100 jüd. Gemeinden. Die Städte mit den größten jüd. Bevölkerungsanteilen sind Berlin (11.000), München (8.600) und Frankfurt/Main (7.000).

2.5 Geschichte des Judentums in Österreich

Urkundlich werden Juden als Händler erstmals in der *Raffelstettener Zollordnung* am Beginn des 10. Jahrhunderts erwähnt. In den darauf folgenden Jahrhunderten gab es sowohl Privilegien für die Juden als auch deren Verfolgung. Während der Hussitenkriege um 1420 wurden die Juden aus dem Herzogtum Österreich vertrieben. Viele lebten am Ostrand des Reiches. Ab 1551 mussten Juden beim Aufenthalt in Märkten und Städten den „gelben Fleck" tragen. Im 16. und 17. Jahrhundert konnten Juden teilweise wieder nach Wien und in andere Gegenden zurückkehren.

Eine Verbesserung brachte 1781 das Toleranzpatent Josephs II., so dass in der Habsburgermonarchie wieder etwa 1,5 Millionen Juden lebten. Auch wenn mit dem Toleranzpatent für die Juden in Wien und Niederösterreich viele Bereiche des öffentlichen Lebens zugänglich wurden, gab es aufgrund von Sondergesetzen letztlich keine wirkliche Gleichstellung.

Das Grabmal von Theodor Herzl befindet sich in Wien am Döblinger Friedhof.

In Mähren durften sich Juden bis 1848 nicht in Dörfern ansiedeln. Darum wurden die Städte (z.B. Prag, Krakau, Lemberg und Brünn) zu Sammelplätzen für Juden. In Prag lebten um 1800 etwa 8.500 Juden, das entsprach über 10% der Bevölkerung), in Wien waren es im gleichen Jahr nur ca. 500. Erst 1867 wurde den Juden im Habsburgerreich ungehinderter Aufenthalt und Religionsausübung gestattet. In Wien bildeten damals 40.000 Juden bereits mehr als 6% der Einwohnerzahl. Die 1858 erbaute Synagoge in Wien war für ganz Europa von großer Bedeutung. Die *Union Österreichischer Juden* wurde 1885 gegründet. Durch das *Israelitengesetz* von 1890 wurden die Angelegenheiten der Kultusgemeinden geregelt. Mit *Theodor Herzl,* einem Wiener Journalisten, breitete sich der Zionismus-Gedanke aus, mit *Zwi Perez Chajes* (ab 1917 Oberrabbiner in Wien) gewann der Gedanke auch in der Kultusgemeinde großen Einfluss. In den Wirren des Ersten Weltkriegs flüchteten ca. 36.000 Juden aus Galizien nach Wien, so dass in Österreich die jüd. Gemeinden über 200.000 Mitglieder zählten.

In der Ersten Republik gestalteten jüd. Persönlichkeiten das kulturelle, wissenschaftliche und wirtschaftliche Leben entscheidend mit. Besonders für jüd. Kulturschaffende war Wien zwischen 1933 und 1938 ein Zufluchtsort. Dennoch entwickelte sich bereits lange vor dem „Anschluss" in Österreich eine antisemitische Polemik und auch kirchliche Vertreter warnten vor den Juden. Nach dem „Anschluss", der *Reichskristallnacht* (9./10. November 1938) und der Deportation in die Konzentrationslager wurde am 1. November 1942 die Wiener Kultusgemeinde aufgelöst. Durch die Ereignisse der Schoa 1938–1945 wurden die meisten Juden Österreichs vertrieben oder getötet. 1938 lebten in Österreich 185.246 Juden. Bis 1944 kamen davon 65.000 in Konzentrations- oder Vernichtungslagern um, 112.000 gelang die Emigration. Nach den schrecklichen Kriegsereignissen kehrten einige tausend Juden wieder nach Wien zurück. In Wien, Graz, Linz, Salzburg und Innsbruck bildeten sich israelitische Kultusgemeinden. Die Juden nahmen von 1946 bis in die 1970er Jahre stark ab (von 25.000 auf 7.000). Erst ab 1980 entwickelte sich wieder ein eigenständiges jüd. Leben. 2001 ergab die Volkszählung 8.140 Juden in Österreich (ca. 7.000 in Wien). Die *Israelitische Kultusgemeinde* schätzt die Zahl in ganz Österreich auf doppelt so viele. Der oberste religiöse Richter und Schriftgelehrte ist für die österreichischen Juden der Oberrabbiner, *Paul Chaim Eisenberg* (seit 1983).

2.6 Strömungen im Judentum heute

Wie jede Religion hat auch das Judentum im Laufe der Geschichte verschiedene Entwicklungen und Veränderungen erlebt. Dabei waren die politischen Gegebenheiten, die geisteswissenschaftlichen Strömungen und die Auseinandersetzung mit anderen Religionen (besonders mit dem Christentum) sehr prägend. Diaspora und Verfolgung haben starken Einfluss auf das Leben genommen. Nach der Schoa konnte mit der Gründung des Staates Israel der Aspekt des eigenen (verheißenen) Landes wieder neu gelebt werden. Durch die Öffnung, das gegenseitige Interesse und den Austausch sind die jeweiligen Besonderheiten klarer geworden. Neben den vier Hauptströmungen ist es auch zur Bildung neuer Gruppen gekommen, wie z.B. dem messianischen Judentum.

Orthodoxe Juden sind vor allem an den traditionellen Schläfenlocken und ihrem schwarzen Hut erkennbar.

a) Orthodoxes Judentum

Unter diesem Begriff sind alle Richtungen des Judentums zusammengefasst, für welche die schriftliche und mündliche Tora (also die fünf Bücher Mose), die übrigen Schriften der Hebräischen Bibel und der Talmud eine abgeschlossene und unabänderliche göttliche Offenbarung darstellen. Das orthodoxe Judentum versteht sich daher als die echte, verbürgte Richtung des Judentums; als Jude wird nur anerkannt, wer Kind einer jüd. Mutter ist oder sich nach der orthodoxen Auslegung der *Halacha* (Religionsgesetz) als Jude bekennt. Orthodoxe Juden befolgen die Tora als Weisung Gottes buchstabengetreu sowie alle daraus abgeleiteten Vorschriften (Sabbat, Speisegesetze, Rabbiner können nur Männer sein usw.). Sie erwarten die Ankunft des Messias und die körperliche Auferstehung der Toten am Ende der Zeiten. Rechtsverbindlichkeiten wie Eheschließung und -scheidung gelten nur dann, wenn sie vor orthodoxen Rabbinern getätigt werden. Das birgt vor allem in Israel Konfliktstoff, weil orthodox-religiöse Parteien durchzusetzen versuchen, dass auch der Staat Israel einzig die orthodoxe Definition des Judentums übernimmt und die Religionsgesetze als staatliche Gesetze einsetzt. Innerhalb der Orthodoxie gibt es unter anderen Gruppierungen die ultraorthodoxen Juden, die streng getrennt von allen leben, welche die jüd. Traditionen nicht in ihrem Sinn vollziehen. Das Studium der Heiligen Schriften gehört zu den wesentlichen Beschäftigungen aller Orthodoxen; die Ultraorthodoxen lehnen weltliche Literatur generell ab. Zum Teil sind sie sogar gegen den Staat Israel, weil auch dieser ein weltliches Gebilde darstellt.

Das konservative Judentum setzt sich religiös für eine Gleichberechtigung der Frau ein.

b) Konservatives Judentum

Im mittleren Bereich der verschiedenen Strömungen innerhalb der jüd. Religion befindet sich das konservative Judentum. Es vertritt die Idee eines „positiven historischen Judentums", das die Gebote und die Halacha (das Religionsgesetz) erhalten will, aber unter stetiger Ergänzung und Neuanpassung. Die Konservativen treten für die Gleichberechtigung der Frau in religionsgesetzlicher Hinsicht ein und lassen teilweise Rabbinerinnen zu.

Die *Rekonstruktionisten* sind eine Untergruppe der amerikanischen Konservativen. Sie wurden 1930 gegründet und sehen das Judentum als eine Volksreligion mit der Aufgabe, ein vorbildliches ethisches Nationalleben zu führen. Die Gebote müssen mit dem Standard des Zeitgeistes vereinbar sein.

c) Reformjudentum

Das Reformjudentum, auch liberales oder progressives Judentum genannt, entstand in der jüd. Emanzipationsbewegung im Europa des 19. Jahrhunderts. Der Hauptunterschied zu den Orthodoxen und Konservativen besteht in der Bewertung des göttlichen Gesetzes. Liberale Juden nehmen an, dass Gott sich jeder Generation offenbart und dass die Heiligen Schriften daher einer Auslegung bedürfen, welche die Veränderungen durch geschichtliche Entwicklungen einschließt. Generell gilt, dass das Verhältnis des Menschen zu Gott und seinen Mitmenschen vor der Einhaltung der religionsgesetzlichen Vorschriften steht. Das bedeutet aber nicht, dass im liberalen Judentum Tradition und rituelle Vorschriften gering geachtet würden. Zweifelsohne werden aber moralische Verpflichtungen und ethisches Handeln höher bewertet als rituelle Frömmigkeit.

Charakteristisch für das liberale Judentum ist die Stellung der Frau; sie ist in religiösen Belangen dem Mann gleichgestellt. Es gibt Rabbinerinnen, Frauen dürfen gemeinsam mit Männern in der Synagoge sitzen, sie zählen zum *Minjan* (der Mindestzahl von 10 notwendigen Gläubigen für einen Gottesdienst) und auch für Mädchen gibt es die Feier der religiösen Mündigkeit *(Bat Mizwa)*. Das liberale Judentum ist am stärksten in den USA vertreten, in Israel spielt es eine vergleichsweise geringe Rolle und manche Handlungen (z.B. Eheschließung) der Liberalen werden von der Orthodoxie nicht anerkannt.

d) Traditionelles Judentum und nichtreligiöse Juden

Eine Gruppe, die seit der Gründung des Staates Israel verstärkt in den Vordergrund tritt, ist die große Zahl jener Juden, die sich als nicht gläubig betrachten. Sie engagieren sich für die Erhaltung der jüd. Kultur sowie für den Aufbau und die Sicherheit Israels und gelten als vollwertige Juden, wenngleich die Rabbiner es als ihre Aufgabe betrachten, diese Juden auch zum religiösen Judentum zurückzuführen.

Der Fisch als christliches Zeichen ist in diesem Symbol verbunden mit Menora und Davidstern (messianisches Judentum).

e) Messianisches Judentum

Seit dem 19. Jahrhundert sind verschiedene jüdisch-messianische Bewegungen entstanden (manche aber auch wieder zerfallen, wie z.B. die Gemeinde *Israeliten des Neuen Bundes* von *Joseph Rabinowitz,* der im 19. Jahrhundert die erste *Messianische Synagoge* in Ungarn gegründet hat). Die meisten der heute noch bestehenden Gruppen entstanden nach der Mitte des 20. Jahrhunderts und findet man vorwiegend in den USA. Viele von diesen Gruppierungen errichten auch Zentren in Israel und haben Anhänger in zahlreichen Ländern.

Messianische Juden verstehen sich als Christen und wollen häufig die Tradition der Jerusalemer Urgemeinde aufnehmen. Sie feiern den Sabbat und jüd. Feste, glauben aber an Jesus als den verheißenen Messias und versuchen mit unterschiedlichem Eifer Juden zu missionieren. Ihre Einstellung zur Tora ist sehr unterschiedlich; die Bandbreite reicht von jenen, welche die Tora wortwörtlich befolgen, bis zu jenen, welche die Auflösung der Tora hin zu allgemeinen religiösen Vorschriften vertreten.

Den meisten Vertretern dieser Strömung kann vorgeworfen werden, die beiden Religionen Judentum und Christentum nicht ernst zu nehmen, zu vermischen und aufgrund der „Judenmission" den eigenständigen Heilsweg des jüd. Volkes nicht anzuerkennen.

Paulus muss erkennen, dass er seine jüd. Glaubensgeschwister kaum von der Botschaft Jesu überzeugen kann.

3. Spannungsfeld Judentum – Christentum

Jesus war Jude. Sein Leben und seine Botschaft vom Reich Gottes sind nur aufgrund seines jüd. Hintergrunds zu verstehen.

Paulus empfand es als zutiefst schmerzlich, dass sich seine „Glaubensbrüder" nicht dem neuen Weg anschlossen: „Ja, ich möchte selber verflucht und von Christus getrennt sein um meiner Brüder willen, die der Abstammung nach mit mir verbunden sind. Sie sind Israeliten; damit haben sie die Sohnschaft, die Herrlichkeit, die Bundesordnungen, ihnen ist das Gesetz gegeben, der Gottesdienst und die Verheißungen, sie haben die Väter, und dem Fleisch nach entstammt ihnen der Christus, der über allem als Gott steht, er ist gepriesen in Ewigkeit. Amen." (Röm 9,3–5) Mit der letzten Aussage in Röm 9,5 verweist Paulus auf jenen Punkt, der den Unterschied zwischen den beiden Religionen ausmacht: Jesus von Nazaret ist der Messias Gottes; von Gott durch die Auferweckung als Sohn Gottes eingesetzt und bestätigt (vgl. Röm 1,4). Dennoch betont Paulus die Bedeutung der Wurzel, über die sich niemand erheben soll. „Wenn aber einige Zweige herausgebrochen wurden und wenn du als Zweig vom wilden Ölbaum in den edlen Ölbaum eingepfropft wurdest und damit Anteil erhieltest an der Kraft seiner Wurzel, so erhebe dich nicht über die anderen Zweige. Wenn du es aber tust, sollst du wissen: Nicht du trägst die Wurzel, sondern die Wurzel trägt dich." (Röm 11,17–18)

Über viele Jahrhunderte wurde das Trennende betont und nicht der Dialog gesucht. In den letzten Jahrzehnten vermehrten sich die Bemühungen um einen guten Austausch und ein gegenseitiges Kennenlernen. Die vielen Gemeinsamkeiten zwischen Judentum und Christentum zeigen sich besonders in ethischen Fragen. So wird in dem Gebot der Gottes- und Nächstenliebe das Grundanliegen der beiden Religionen zusammengefasst. Dabei spielt die Familie eine wesentliche Rolle in der Wertevermittlung und in der Weitergabe des Glaubens.

Dennoch gibt es aufgrund der unterschiedlichen (oft leider in Ab- und Ausgrenzung vollzogenen) Entwicklungen mehr oder weniger verschiedene Feierformen und Ansichten. Diese kennen und schätzen zu lernen, wird den Dialog fördern und auch helfen, die je eigene Religion besser zu verstehen.

Martin Buber, der große jüd. Religionsphilosoph des 20. Jahrhunderts schrieb in den 1940er Jahren: „Jesus habe ich von Jugend auf als meinen großen Bruder empfunden. Dass die Christenheit ihn als Gott und Erlöser angesehen hat und ansieht, ist mir immer als eine Tatsche von höchstem Ernst erschienen, die ich um seinet- und um meinetwillen zu begreifen suchen muss. ... Mein eigenes brüderlich aufgeschlossenes Verhältnis zu ihm ist immer stärker und reiner geworden ... Gewisser als je ist es mir, dass ihm ein großer Platz in der Glaubensgeschichte Israels zukommt und dass dieser Platz durch keine der üblichen Kategorien umschrieben werden kann." *(Martin Buber,* Zwei Glaubensweisen, Gerlingen ²1994, 15)

Die Wurzel trägt und nährt den Baum – in vergleichbarer Weise ist das Judentum Wurzel für das Christentum.

3.1 Juden und Christen – Geschwister im Glauben

Juden und Christen verbindet der Glaube an den *einen* Gott, der im Noachbund (vgl. Gen 9,17) und in Abraham alle Geschlechter der Erde segnet. Dieser Gott wird bezeugt in der Hebräischen Bibel, die sowohl für Juden wie für Christen gemeinsam Heilige Schrift ist (von Christen Erstes bzw. Altes Testament genannt).

Das Christentum hat seinen Ursprung im Judentum: Jesus von Nazaret, von der Jüdin Maria geboren, die Apostel und die Urgemeinde in Jerusalem waren gläubige Juden und Jüdinnen. „Das Heil kommt von den Juden" (Joh 4,22), bezeugt das Neue Testament. Da viele Juden Jesus von Nazaret nicht als Messias anerkennen konnten, weil sie eine andere Vorstellung vom Messias hatten, hingegen Griechen, Römer und andere Heiden bereit waren, ohne Juden zu werden, Jesus als ihren „Herrn" und „Sohn Gottes" anzunehmen, kam es schon früh zur Trennung von Juden und Christen.

Dennoch: Das jüd. Volk bleibt – auch aus der Sicht der Christen – Träger der Verheißung Gottes und des Abrahamsegens. Es ist nicht von Gott verstoßen, sondern weiterhin von Gott geliebt. Das Zweite Vatikanische Konzil (1962–1965; Erklärung *Nostra aetate)* und *Papst Johannes Paul II.,* der als erster Papst offiziell in einer Synagoge betete und Juden als „bevorzugte Geschwister" der Christen bezeichnete, haben viel zu einem besseren Verständnis des Judentums innerhalb der katholischen Kirche beigetragen.

Auch Juden können heute die Rolle des Christentums und die Gestalt Jesu neu bewerten. Manche erkennen an, dass durch die weltweite Verbreitung der Botschaft des Juden Jesus unzählige Menschen den einen Gott kennen gelernt und Anteil an dem Segen Abrahams erhalten haben. Gemeinsam ist Juden und Christen auch die Hoffnung auf das Kommen des Messias. Während Christen Jesus als den erwarten, der in Macht und Herrlichkeit als Christus (wieder-)kommen wird, kennen Juden den Namen des Messias noch nicht. Auch wenn derzeit die Einstellung zur Person Jesu zwischen Juden und Christen noch eine Streitfrage ist, sprechen sie einander das ewige Heil nicht ab, sondern hoffen miteinander und füreinander auf die Auferstehung und das ewige Leben in Gott. Der

Anfang des *Kaddisch-Gebetes* „Erhoben und geheiligt ist Sein großer Name in der Welt, die Er erneuern wird. Er belebt die Toten und führt sie empor zu ewigem Leben ...“ ist ein Glaubensinhalt, der Juden und Christen gemeinsam ist. Der jüd. Religionswissenschafter *Hans-Joachim Schoeps* (1909–1980) meint in Bezug auf die Gestalt des erwarteten Messias: „Es könnte sein, dass er, der am Ende der Tage kommen wird – er, der die Hoffnung der Synagoge und der Kirche ist – das gleiche Antlitz trägt.“ (zit. nach *Franz von Hammerstein,* Das Messiasproblem bei Martin Buber, Stuttgart 1958, 102, Anm. 42)

3.2 Kirchliche Stellungnahmen zum Judentum

a) II. Vaticanum, *Nostra aetate* (Erklärung über das Verhältnis zu den nichtchristlichen Religionen; 28. Oktober 1965)

Artikel 4: „Sie [die Kirche] bekennt, dass alle Christusgläubigen als Söhne Abrahams dem Glauben nach in der Berufung dieses Patriarchen eingeschlossen sind und dass in dem Auszug des erwählten Volkes aus dem Lande der Knechtschaft das Heil der Kirche geheimnisvoll vorgebildet ist. Deshalb kann die Kirche auch nicht vergessen, dass sie durch jenes Volk, mit dem Gott aus unsagbarem Erbarmen den Alten Bund geschlossen hat, die Offenbarung des Alten Testamentes empfing und genährt wird von der Wurzel des guten Ölbaums, in den die Heiden als wilde Schösslinge eingepfropft sind.“

b) Erklärung der deutschen Bischöfe: *Über das Verhältnis der Kirche zum Judentum* (28. April 1980)

„Punkt 1: Jesus Christus – unser Zugang zum Judentum

Wer Jesus Christus begegnet, begegnet dem Judentum. Er ist nach dem Zeugnis des Neuen Testaments als ‚Sohn Davids‘ (Röm 1,3) und ‚Sohn Abrahams‘ (Mt 1,1; vgl. auch Hebr 7,14) ‚seinem Fleisch nach‘ aus dem Volk Israel hervorgegangen (Röm 9,5). ‚Als aber die Zeit erfüllt war, sandte Gott seinen Sohn, geboren von einer Frau und dem Gesetz unterstellt‘ (Gal 4,4). Seiner menschlichen Natur nach war Jesus von Nazaret ein Jude; er kam aus dem Judentum. Er steht seiner Herkunft nach in der Geschichte des Volkes Israel (vgl. den Stammbaum Jesu Mt 1,1–17 und Lk 3,23–38).

Heute entdecken auch jüdische Autoren das ‚Jude-Sein‘ Jesu. *Martin Buber* (Werke I, München/Heidelberg 1962, 657) sah in Jesus seinen ‚großen Bruder‘; *Schalom Ben-Chorin* (Bruder Jesus, Der Nazarener in jüdischer Sicht, München 1967, 12) bekennt: ‚Jesus ist für mich der ewige Bruder, nicht nur der Menschenbruder, sondern mein jüdischer Bruder. Ich spüre seine brüderliche Hand, die mich fasst, damit ich ihm nachfolge ... Sein Glaube, sein bedingungsloser Glaube, das schlechthinnige Vertrauen auf Gott, den Vater, die Bereitschaft, sich ganz unter den Willen Gottes zu demütigen, das ist die Haltung, die uns in Jesus vorgelebt wird und die uns – Juden und Christen – verbinden kann‘.“

c) *Papst Johannes Paul II.* bekräftigte in der Großen Synagoge Roms am 13. April 1986 die innere Verwandtschaft von Juden und Christen

„Die jüdische Religion ist für uns nicht etwas ‚Äußerliches‘ sondern gehört in gewisser Weise zum ‚Inneren' unserer Religion. Zu ihr haben wir somit Beziehungen wie zu keiner anderen Religion. Ihr seid unsere bevorzugten Brüder und, so könnte man gewissermaßen sagen, unsere älteren Brüder."

d) Die Päpstliche Bibelkommission veröffentlichte 2001 die Erklärung: *Das jüdische Volk und seine Heilige Schrift in der christlichen Bibel*

Bereits in der Einführung wird die Verwandtschaft festgestellt: „Die christliche Bibel begründet zwischen den Christen und dem jüdischen Volk zahlreiche enge Bande ...". Punkt 86: „Das Zweite Vatikanische Konzil ruft auf zu ‚gegenseitiger Kenntnis und Achtung' von Christen und Juden." Am Schluss wird zu gegenseitiger Wertschätzung aufgefordert.

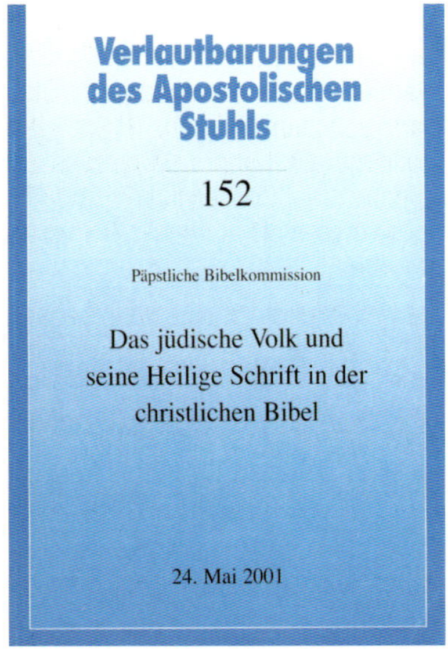

Das 2001 erschienene Dokument stellt die enge Verwandtschaft zwischen Christentum und Judentum klar.

e) Am 4. November 1998 hat die Generalsynode der evangelischen Kirchen A.B. und H.B. in Österreich die Erklärung *Zeit zur Umkehr – Die Evangelischen Kirchen in Österreich und die Juden* beschlossen.

Punkt IV: „... Der Christen Gott ist kein anderer als der Gott Israels, der Abraham in den Glauben gerufen und die versklavten Israeliten zu seinem Volk erwählt hat. Wir bekennen uns zur bleibenden Erwählung Israels als Gottes Volk. Diesen ‚Bund hat Gott nicht gekündigt' *(Martin Buber)*. Er besteht bis ans Ende der Zeit.

Im Johannesevangelium lesen wir als Gottes Wort: ‚Das Heil kommt von den Juden' (Joh 4,22). Gott selbst ist das Heil, das er seinem Volk gegeben hat und das er im Juden Jesus, den wir als den Christus bekennen, über alle ausbreitet ...".

Punkt V: „... Laut Beschluss der ökumenischen Versammlung in Erfurt 1996 muss die christliche Verkündigung lernen, ‚das Judentum als eine dem Christentum bereits vorauslaufende und mit ihm gleichzeitig existierende lebendige und vielfältige Größe zu erkennen. Das verbietet jede triumphalistische Überheblichkeit.' ... Da der Bund Gottes mit seinem Volk Israel aus lauter Gnade bis ans Ende der Zeit besteht, ist Mission unter den Juden theologisch nicht gerechtfertigt und als kirchliches Programm abzulehnen."

3.3 *Dabru Emet – Eine jüdische Stellungnahme zu Christen und Christentum*

Am 10. September 2000 wurde *Dabru Emet* (hebr. Redet Wahrheit) – *Eine jüdische Stellungnahme zu Christen und Christentum in der New York Times* und der *Baltimore Sun* als einseitige Anzeige veröffentlicht. Sie stellt in acht Thesen sowie kurzen, erklärenden Paragraphen eine jüd. Deutung von Christen und Christentum vor und möchte den Weg für eine jüdisch-theologische Würdigung christlich-jüdischer Zusammenarbeit weisen. Der Anspruch ist nicht nur eine vorläufige Bestandsaufnahme des gegenwärtigen jüd. Verständnisses des Christentums, sondern setzt sich das Ziel, jüdisch-theologische Wahrheit über das Verhältnis des Judentums zum Christentum zu verkünden. Diese Stellungnahme und ihr Anspruch wurden unter jüd. Gelehrten vielfältig diskutiert. Beiträge kamen aus allen religiösen Lagern und oft war *Dabru Emet* der Anstoß, grundsätzliche Kommentare zum christlich-jüdischen Religionsgespräch und eine jüd. Beteiligung daran zu geben.

Gezeichnet wurde dieses Manifest von *Tikva Frymer-Kensky* (University of Chicago), *David Novak* (University of Toronto), *Peter Ochs* (University of Virginia), *Michael Signer* (University of Notre Dame) und Unterschriften von mehr als 200 Frauen und Männern der jüd. Wissenschaft und des synagogalen Lebens in den USA.

„In den vergangenen Jahren hat sich ein dramatischer und beispielloser Wandel in den christlich-jüdischen Beziehungen vollzogen. Während des fast zwei Jahrtausende andauernden jüdischen Exils haben Christen das Judentum zumeist als eine gescheiterte Religion oder bestenfalls als eine Vorläuferreligion charakterisiert, die dem Christentum den Weg bereitete und in ihm zur Erfüllung gekommen sei. In den Jahrzehnten nach dem Holocaust hat sich die Christenheit jedoch dramatisch verändert. Eine wachsende Zahl kirchlicher Gremien, unter ihnen sowohl römisch-katholische als auch protestantische, haben in öffentlichen Stellungnahmen ihre Reue über die christliche Misshandlung von Juden und Judentum ausgedrückt. Diese Stellungnahmen haben zudem erklärt, dass christliche Lehre und Predigt reformiert werden können und müssen, um den unverändert gültigen Bund Gottes mit dem jüdischen Volk anzuerkennen und den Beitrag des Judentums zur Weltkultur und zum christlichen Glauben selbst zu würdigen.

Wir sind davon überzeugt, dass diese Veränderungen eine wohl bedachte jüdische Antwort verdienen. Als eine Gruppe jüdischer Gelehrter unterschiedlicher Strömungen – die nur für sich selbst spricht – ist es unsere Überzeugung, dass es für Juden an der Zeit ist, die christlichen Bemühungen um eine Würdigung des Judentums zur Kenntnis zu nehmen. Wir meinen, es ist für Juden an der Zeit, über das nachzudenken, was das Judentum heute zum Christentum zu sagen hat. Als einen ersten Schritt wollen wir in acht kurzen Punkten erläutern, auf welche Weise Juden und Christen miteinander in Beziehung stehen können.

- **Juden und Christen beten den gleichen Gott an.** Vor dem Aufstieg des Christentums waren es allein die Juden, die den Gott Israels anbeteten. Aber auch Christen beten den Gott Abrahams, Isaaks und Jakobs, den Schöpfer von Himmel und Erde an. Wenngleich der christliche Gottesdienst für Juden keine annehmbare religiöse Alternative darstellt, freuen wir uns als jüdische Theologen darüber, dass Abermillionen von Menschen durch das Christentum in eine Beziehung zum Gott Israels getreten sind.
- **Juden und Christen stützen sich auf die Autorität ein und desselben Buches – die Bibel (das die Juden ‚Tenach' und die Christen das ‚Alte Testament' nennen).** In ihm suchen wir nach religiöser Orientierung, spiritueller Bereicherung und Gemeinschaftsbildung und ziehen aus ihm ähnliche Lehren: Gott schuf und erhält das Universum; Gott ging mit dem Volk Israel einen Bund ein und es ist Gottes Wort, das Israel

zu einem Leben in Gerechtigkeit leitet; schließlich wird Gott Israel und die gesamte Welt erlösen. Gleichwohl interpretieren Juden und Christen die Bibel in vielen Punkten unterschiedlich. Diese Unterschiede müssen immer respektiert werden.

- **Christen können den Anspruch des jüdischen Volkes auf das Land Israel respektieren.** Für Juden stellt die Wiedererrichtung eines jüdischen Staates im gelobten Land das bedeutendste Ereignis seit dem Holocaust dar. Als Angehörige einer biblisch begründeten Religion wissen Christen zu würdigen, dass Israel den Juden als physisches Zentrum des Bundes zwischen ihnen und Gott versprochen – und gegeben wurde. Viele Christen unterstützen den Staat Israel aus weit tiefer liegenden Gründen als nur solchen politischer Natur. Als Juden begrüßen wir diese Unterstützung. Darüber hinaus wissen wir, dass die jüdische Tradition gegenüber allen Nicht-Juden, die in einem jüdischen Staat leben, Gerechtigkeit gebietet.

Das Bekenntnis zum Schöpfergott verbindet Judentum und Christentum.

- **Juden und Christen anerkennen die moralischen Prinzipien der Tora.** Im Zentrum der moralischen Prinzipien der Tora steht die unveräußerliche Heiligkeit und Würde eines jeden Menschen. Wir alle wurden nach dem Bilde Gottes geschaffen. Dieser moralische Schwerpunkt, den wir teilen, kann die Grundlage für ein verbessertes Verhältnis zwischen unseren beiden Gemeinschaften sein. Darüber hinaus kann er auch zur Grundlage eines kraftvollen Zeugnisses für die gesamte Menschheit werden, das der Verbesserung des Lebens unserer Mitmenschen dient und sich gegen Unmoral und Götzendienst richtet, die uns verletzen und entwürdigen. Ein solches Zeugnis ist insbesondere nach den beispiellosen Schrecken des vergangenen Jahrhunderts dringend nötig.
- **Der Nazismus war kein christliches Phänomen.** Ohne die lange Geschichte des christlichen Antijudaismus und christlicher Gewalt gegen Juden hätte die nationalsozialistische Ideologie keinen Bestand finden und nicht verwirklicht werden können. Zu viele Christen waren an den Grausamkeiten der Nazis gegen die Juden beteiligt oder billigten sie. Andere Christen wiederum protestierten nicht genügend gegen diese Grausamkeiten. Dennoch war der Nationalsozialismus selbst kein zwangsläufiges Produkt des Christentums. Wäre den Nationalsozialisten die Vernichtung der Juden in vollem Umfang gelungen, hätte sich ihre mörderische Raserei weitaus unmittelbarer gegen

die Christen gerichtet. Mit Dankbarkeit gedenken wir jener Christen, die während der nationalsozialistischen Herrschaft ihr Leben riskiert oder geopfert haben, um Juden zu retten. Dessen eingedenk unterstützen wir die Fortsetzung der jüngsten Anstrengungen in der christlichen Theologie, die Verachtung des Judentums und des jüdischen Volkes eindeutig zurückzuweisen. Wir preisen jene Christen, die diese Lehre der Verachtung ablehnen und klagen sie nicht der Sünden an, die ihre Vorfahren begingen.

- **Der nach menschlichem Ermessen unüberwindbare Unterschied zwischen Juden und Christen wird nicht eher ausgeräumt werden, bis Gott die gesamte Welt erlösen wird, wie es die Schrift prophezeit.** Christen kennen und dienen Gott durch Jesus Christus und die christliche Tradition. Juden kennen und dienen Gott durch die Tora und die jüdische Tradition. Dieser Unterschied wird weder dadurch aufgelöst, dass eine der Gemeinschaften darauf besteht, die Schrift zutreffender auszulegen als die andere, noch dadurch, dass eine Gemeinschaft politische Macht über die andere ausübt. So wie Juden die Treue der Christen gegenüber ihrer Offenbarung anerkennen, so erwarten auch wir von Christen, dass sie unsere Treue unserer Offenbarung gegenüber respektieren. Weder Jude noch Christ sollten dazu genötigt werden, die Lehre der jeweils anderen Gemeinschaft anzunehmen.
- **Ein neues Verhältnis zwischen Juden und Christen wird die jüdische Praxis nicht schwächen.** Ein verbessertes Verhältnis wird die von Juden zu Recht befürchtete kulturelle und religiöse Assimilation nicht beschleunigen. Es wird weder die traditionellen jüdischen Formen der Anbetung verändern, noch wird es die Anzahl interreligiöser Ehen zwischen Juden und Nicht-Juden zunehmen lassen, noch wird es mehr Juden dazu bewegen, zum Christentum überzutreten, und auch nicht zu einer unangebrachten Vermischung von Judentum und Christentum führen. Wir respektieren das Christentum als einen Glauben, der innerhalb des Judentums entstand und nach wie vor wesentliche Kontakte zu ihm hat. Wir betrachten es nicht als eine Erweiterung des Judentums. Nur wenn wir unsere eigenen Traditionen pflegen, können wir in Aufrichtigkeit dieses Verhältnis weiterführen.
- **Juden und Christen müssen sich gemeinsam für Gerechtigkeit und Frieden einsetzen.** Juden und Christen erkennen, ein jeder auf seine Weise, die Unerlöstheit der Welt, wie sie sich in andauernder Verfolgung, Armut, menschlicher Entwürdigung und Not manifestiert. Obgleich Gerechtigkeit und Frieden letztlich in Gottes Hand liegen, werden unsere gemeinsamen Anstrengungen zusammen mit denen anderer Glaubensgemeinschaften helfen, das Königreich Gottes, auf das wir hoffen und nach dem wir uns sehnen, herbei zu führen. Getrennt und vereint müssen wir daran arbeiten, unserer Welt Gerechtigkeit und Frieden zu bringen. In dieser Bemühung leitet uns die Vision der Propheten Israels: ‚In der Folge der Tage wird es geschehen: Da wird der Berg des Hauses des Herrn fest gegründet stehen an der Spitze der Berge und erhaben sein über die Hügel. Zu ihm strömen alle Völker. Dorthin pilgern viele Nationen und sprechen: *Auf, lasst uns hinaufziehen zum Berg des Herrn, zum Hause des Gottes Jakobs! Er lehre uns seine Wege und wir wollen auf seinen Pfaden wandeln.’* (Jes 2,2–3).“ (aus dem Englischen übersetzt von *Christoph Münz)*

4. Jüdische Feiertage und der Festkalender

4.1 Sabbat

Der Sabbat verlangt von der Frau eine sorgsame Vorbereitung im Haus (Bild: gedeckter Sabbattisch).

Über den Sabbat sagt der jüd. Denker *Achad Ha-Am* treffend: „Mehr als Israel den Sabbat gehalten hat, hat der Sabbat Israel gehalten." Tatsächlich war und ist der Sabbat (sprich: Schabbát) in der wechselvollen Geschichte *der* „Anhaltspunkt", *die* Halte-Stelle für die Juden. Besonders bei den jüd. Mystikern des Mittelalters galt der Sabbat als „Königin". Wie eine Königin wird der Sabbat am Freitagabend auch nach wie vor begrüßt. Er ist der größte Feiertag der Juden. Gott selbst hat am siebten Tag das Schöpfungswerk vollendet und diesen Tag gesegnet und geheiligt (vgl. Gen 2,3). Auch der Festkalender in Lev 23 beginnt die Reihe der Feste mit dem Sabbat: „Sechs Tage soll man arbeiten, aber am siebten Tag ist vollständiger Ruhetag, ein Tag heiliger Versammlung, an dem ihr keinerlei Arbeit verrichten dürft. Es ist ein Feiertag zur Ehre des Herrn überall, wo ihr wohnt." (Lev 23,3)

Dem erwählten Volk ist der Sabbat geschenkt und Israel hat diesem besonderen Tag eine eigene Bedeutung verliehen, die sich nicht von Kulturgegebenheiten der Umwelt ableiten lässt. Die Bibel begründet das Sabbatgebot im Dekalog einerseits mit der Befreiung aus Ägypten (vgl. Dtn 5,12–15) und betont damit die Freiheit von knechtender Arbeit sowie die soziale Bedeutung für alle Menschen, ja sogar für das Vieh. Andererseits leitet Ex 20,8–11 die Sabbatruhe von *sabat* (= feiern, ruhen, aufhören), vom Ruhen und Feiern Gottes am siebten Tag (vgl. Gen 2,3), her. Darum hat dieser Tag einen Namen, während alle anderen einfach gezählt werden als der erste, zweite, dritte, ... Tag der Woche.

Nach sechs Arbeitstagen endet die Woche mit einem Ruhetag. Es lässt sich nicht mehr genau feststellen, seit wann der Sabbat für Israel gilt und woher er stammt. Im Zweistromland der alten Zeit kannte man zwar verschiedene Tage, die eine ähnliche Bezeichnung hatten und sich nach dem Mondkalender richteten. Wie in anderen Fällen hat man „Sieben" als kleine runde Zahl für die Einteilung der Zeit in regelmäßige Abschnitte verwendet und den jeweils letzten Tag als Sabbat hervorgehoben. Am Sabbat, der in den Augen der Nichtjuden ein „böser" Tag war, mussten sich diese Völker besonders anstrengen; meist war es ein Markttag, d.h. für die Heiden besonders arbeitsreich.

Detaillierte Ge- und Verbote sorgen dafür, dass der Sabbat als heiliger Ruhetag hervorragt. Nach dem Talmud sind am Sabbat 39 Arten von „Arbeit" verboten (Mischna Schabbat 7,2):

1. säen
2. pflügen
3. mähen
4. Garben binden
5. dreschen
6. Getreide schwingen
7. reinigen der Ernte
8. mahlen
9. sieben
10. kneten
11. backen
12. scheren
13. waschen
14. klopfen von Wolle
15. färben von Wolle
16. spinnen
17. weben
18. zwei Schleifen machen
19. zwei Fäden flechten
20. zwei Fäden voneinander trennen
21. einen Knoten binden
22. einen Knoten lösen
23. zwei Stiche nähen
24. auftrennen, um zwei Stiche zu nähen
25. jagen einer Gazelle oder eines ähnlichen Tieres
26. schlachten
27. die Haut eines Tieres abziehen
28. die Haut eines Tieres salzen
29. das Fell eines Tieres trocknen
30. ein Fell schaben
31. ein Fell aufschneiden
32. zwei Buchstaben schreiben
33. etwas ausradieren, um zwei Buchstaben zu schreiben
34. bauen
35. niederreißen
36. ein Feuer löschen
37. ein Feuer entfachen
38. mit einem Hammer schlagen
39. irgend etwas von einem Ort zu einem anderen tragen, z.B. aus einem privaten in einen öffentlichen Bereich und umgekehrt.

Dazu kommen noch verschiedene rabbinische Verbote, die sich aus der weiteren Entwicklung der Menschheit ergeben, z.B. nicht fahren, keine weiten Strecken zu Fuß zurücklegen oder den Fernseher nicht einschalten. Heute bedienen „strenggläubige" Juden am Sabbat keinen Lichtschalter, fahren nicht mit dem Auto, telefonieren nicht usw.

Trotz dieser scheinbaren Einschränkungen wird der Sabbat von frommen jüd. Familien als Tag der Freude (Gottesdienste in der Synagoge, die nicht weiter als ein Sabbatweg entfernt sein darf, Zeit für Familie, Besinnung) verstanden. Vom Judentum haben viele Gesellschaften, auch das Christentum und der Islam, den Wochenrhythmus übernommen, wenn auch mit je anderem Feierinhalt.

a) Das wöchentliche Fest

Fromme Juden leben während der ganzen Woche auf den Sabbat hin. Der Sabbat ist ein Festtag, der den Alltag unterbricht und sich von ihm abhebt. Sabbatbeginn ist nach Einbruch der Dämmerung am Freitagabend. Der Sabbat endet, wenn man drei Sterne (Samstagabend) zählen kann und dauert über 25 Stunden.

Dieser Tag wird sowohl in der Synagoge als auch in der Familie gefeiert. Einen besonderen Stellenwert haben das Gebet und das Studium der Tora. Zur festgesetzten Zeit werden von der Frau des Hauses die Sabbatkerzen entzündet sowie Wein und Brot am Beginn des Festessens gesegnet. Wenn es auch heute verschiedene Auslegungen der strengen Sabbatruhe gibt (das wird im Staat Israel besonders sichtbar), so ist der Sabbat dennoch ein Tag der Erholung.

Beim Freitagabendgottesdienst in der Synagoge wird der Sabbat feierlich begrüßt mit einem Weihelied, in dem der Sabbat als Braut bezeichnet wird. Nach dem Synagogengottesdienst gehen die Männer zu ihren Familien, wo die häusliche Feier stattfindet und die Frau die Sabbatkerzen bereits feierlich angezündet hat. Das Mahl ist festlich gestaltet. Während der Feier werden Hymnen gesungen und den Abschluss bildet das Singen von Psalm 126 (nur bei bestimmten Gruppen, während das Tischgebet allen gemeinsam ist).

Bestimmte Gegenstände gehören zum Sabbat: Kerzen, Kiddusch-Becher, Hawdala-Kerze, Besamim-Büchse.

Am Samstagvormittag findet der Hauptgottesdienst des Sabbats in der Synagoge statt. Nach einem ausführlichen Gebetsteil mit dem *Sch´ma Jisrael* wird die handgeschriebene Tora-Rolle aus dem Tora-Schrein geholt und die für den betreffenden Sabbat vorgesehene Schriftstelle aus der Tora, den fünf Büchern Mose, aufgerollt, um sie vorzulesen. (Die Tora wird im Laufe eines Jahres ganz gelesen, also von Gen 1 bis Dtn 34.) Sieben Männer sprechen nach jedem Unterabschnitt den Torasegen. Nach der feierlichen Lesung wird die Rolle wieder in den Schrein zurückgestellt. Es folgt die Schriftlesung aus der *Haftara* (= Prophenbücher), eine Predigt und wieder ein Gebetsteil. Mit dem *Kaddisch,* einem der wichtigsten Lobgebete des Judentums, und dem Segen (Num 6,24–26) endet der Gottesdienst. (Die angeführten Gebete sind in Kapitel 5 zu finden.)

In fröhlicher, aber ruhiger Stimmung wird der restliche Sabbat begangen. Das vorgekochte Mittagsmahl ist wieder festlich. Das Abendessen nimmt die Familie möglichst spät ein, um den Frieden und die Freude des Sabbats auszudehnen.

Der geheiligte Tag wird verabschiedet mit dem Abendgebet, dessen Mittelpunkt das Achtzehnbittengebet *(Sch´mone Esre)* ist, das in der Synagoge oder auch zu Hause in Richtung Jerusalem gebetet wird. Über den scheidenden Tag spricht der Hausvater den Segen *(Hawdala).* Nochmals wird Wein aus *einem* Becher getrunken (wie am Beginn des Festes), dann aus einer Büchse *(Besamimbüchse)* mit aromatischen Kräutern der „Duft" des Sabbats gekostet. Die wohlriechenden Gewürze sollen die Trauer über das Ende des Sabbats vertreiben und der Duft soll in die Arbeitswoche mitgenommen werden. Es wird aus dem Becher etwas Wein auf die Untertasse gegossen und die Flamme der geflochtenen Hawdala-Kerze darin gelöscht.

b) Feiergegenstände zum Sabbat

Sabbatleuchter

Ein Tag beginnt jeweils mit dem Sonnenuntergang des Vortages („Es wurde Abend, und es wurde Morgen", Gen 1). Am Freitagabend wird bei der häuslichen Feier der Eintritt des

Zu Beginn des Sabbats entzündet die Hausfrau die Kerzen der Sabbatleuchter und spricht den Segen.

Sabbats von der Frau des Hauses durch das Anzünden der Sabbatkerzen und das Sprechen des Segens angezeigt.

Von der Antike an wurden Sabbatleuchter mit jüd. Symbolen verziert, im Spätmittelalter und in der Neuzeit auch als sternförmige Hängelampen aus Metall gestaltet. In der Moderne hat sich die Form zweier Kerzenhalter oder eines Doppelkerzenständers durchgesetzt – ein Hinweis auf die zweifache Anweisung, den Sabbat zu halten („Gedenke" in Ex 20,8 – „Achte" [„Halte", „Bewahre"] in Dtn 5,12).

Kiddusch-Becher

Der mit Wein gefüllte Kiddusch-Becher ist fixer Bestandteil des Segens über den Sabbat. Er wird bei Beginn und Verabschiedung des Sabbats erhoben und getrunken.

Am Freitagabend nach dem Synagogengottesdienst begrüßt der Hausvater den Sabbat nochmals innerhalb der Familie und vollzieht die Segnung des begonnenen Tages, den Kiddusch, indem er einen mit Wein gefüllten Becher erhebt und dazu singt. Der Becher wird an alle Feiernden bis zum jüngsten Kind weitergereicht und alle trinken daraus. Passend zum Wein ist das Mahl festlich gestaltet. Während der Feier werden oft Hymnen gesungen, den Abschluss bildet in vielen jüd. Gruppen das Singen von Psalm 126.

Beim Sabbatausgang am Samstagabend wird vom Hausvater im Anschluss an die Gebete (darunter das Achtzehnbittengebet) wiederum ein Segen, diesmal über den scheidenden Tag gesprochen. Nochmals wird Wein aus dem Becher getrunken. Seit dem Spätmittelalter ist der Kiddusch-Becher beliebtes Gestaltungsobjekt der Gold- und Silberschmiede.

Hawdala-Kerze

Das Licht der geflochtenen Hawdala-Kerze wird mit den letzten Tropfen des Weines aus dem Kiddusch-Becher gelöscht (in einer anderen Tradition mit dem Wein, der aus dem übervollen Becher – symbolisch für die Fülle des Glücks in der nächsten Woche – auf das Tablett geflossen ist).

Ursprünglich wurden bei der Hawdala-Zeremonie zwei Kerzen angezündet, da im dazugehörenden Gebet die Mehrzahl „Lichter" verwendet wurde. Daraus hat sich eine geflochtene Kerze mit zwei (oder auch mehreren) Dochten entwickelt, die ein fackelähnliches Licht gibt.

Am Ende des Sabbats wird die geflochtene Hawdala-Kerze meist mit einigen Tropfen Wein gelöscht.

Besamim-Büchse

Zum Sabbatausgang wird an einer Büchse mit aromatischen Kräutern und Gewürzen (z.B. Gewürznelken) gerochen. So wird der „Duft" des Sabbats gekostet und zugleich verabschiedet. Eine andere Deutung besagt, dass durch die wohlriechenden Gewürze die Trauer über das Ende des Sabbats vertrieben und der Duft des Sabbats in die kommende Arbeitswoche mitgenommen werden soll.

c) Gebete für die Feier des Sabbats in der Familie (Auswahl)

Hausandacht für den Sabbatbeginn (Freitagabend)

Gebet in Stille: „Gott, ich bereite mich darauf vor, den Sabbat zu ehren – in Treue zu dir, und zu den Generationen vor mir. Ich lege alle Gefühle des Hasses und der Bitterkeit, die aus der vergangenen Woche zurückgeblieben sind, ab, damit ich aufrichtig deinen Namen anrufen kann. Ich sehe die Menschen um mich herum im Licht der Sabbatkerzen, so wie du möchtest, dass ich sie sehe. Und ich danke dir für Familie und Freundschaft, für Treue und Liebe. Ich mache Kiddusch (= Heiligung) und empfange das Geschenk des Glücks: den Frieden, den diese Heiligkeit bringt und die Freude, die aus dem Geben entspringt. Während ich das Brot esse, denke ich an alles, was ich anderen verdanke. Ich freue mich auf den Großen Sabbat, an dem alle Freude und Frieden finden werden."

Nach dem Anzünden der Kerzen: „Gepriesen seist du, Ewiger, unser Gott; du regierst die Welt. Du hast uns durch deine Gebote geheiligt und uns aufgetragen, die Sabbatkerzen anzuzünden. Allmächtiger Gott, Licht der Welt, segne uns mit deinem vollkommenen Segen. Habe Gefallen an uns und lass in unseren Augen das Licht deiner Wahrheit strahlen, so wie das Licht dieser Sabbatkerzen jetzt vor uns leuchtet. Lass den Geist der Wahrheit und der Liebe in unseren Häusern wohnen. Das Licht deiner Gegenwart erhelle unseren Lebensweg, denn in deinem Licht sehen wir das Licht. Dein Segen komme auch über jede Familie in Israel und über die ganze Welt. Amen."

Segnung der Kinder: „Möge Gott dich segnen wie Efraïm und Manasse" (für Buben); „Möge Gott dich segnen wie Sara, Rebekka, Rahel und Lea" (für Mädchen). Gott segne dich und behüte dich; Gottes Angesicht leuchte über dir; Gott sei dir gnädig; Gottes Angesicht sei

Der mit Wein gefüllte Kiddusch-Becher ist fixer Bestandteil des Segens über den Sabbat.

über dir erhoben; Gott gebe dir Frieden." (Num 6,24–26)

(Hier kann auch das Lied *Schalom Alechem* gesungen werden.)

Kiddusch: „Und es war Abend und Morgen – der sechste Tag. So wurden Himmel und Erde vollendet und ihr ganzes Gefüge. Am siebten Tag vollendete Gott das Werk, das Gott geschaffen hatte, und ruhte am siebten Tag, nachdem das ganze Werk vollbracht worden war. Und Gott segnete den siebten Tag und erklärte ihn für heilig; denn an Ihm ruhte Gott, nachdem das ganze Werk der Schöpfung vollendet war." (Gen 2,1–3)

Segensspruch über den Wein: „Gepriesen seist du, Ewiger, unser Gott; du regierst die Welt. Du hast die Frucht des Weinstocks geschaffen."

Segensspruch über den Tag: „Gepriesen seist du, Ewiger, unser Gott; du regierst die Welt. Du hast uns durch deine Gebote geheiligt. Du hast Gefallen an uns. Du lässt uns teilhaben an deinem heiligen Ruhetag, der daran erinnert, dass du alles geschaffen hast (vgl. Ex 20,11). Er ist der erste Tag der ‚Tage heiliger Zusammenkunft' (vgl. Lev 23,3), eine Erinnerung an den Auszug aus Ägypten (vgl. Dtn 5,15). Du hast uns dazu erwählt, heilig zu sein unter allen Völkern. Du lässt uns in Liebe und Wohlgefallen teilhaben an deinem heiligen Ruhetag. Gepriesen seist du, Ewiger. Du heiligst den Sabbat."

Segensspruch über das Brot: „Gepriesen seist du, Ewiger, unser Gott; du regierst die Welt. Du lässt die Erde Nahrung hervorbringen."

Hausandacht für den Sabbatausgang (Hawdala)

„Gott ist meine Rettung; ich will Gott vertrauen und niemals verzagen. Denn Gott ist meine Stärke und mein Loblied. Gott wurde meine Hilfe. Ihr werdet Wasser schöpfen voller Freude aus den Quellen des Heils (vgl. Jes 12,3). Bei Gott findet man Hilfe; auf dein Volk komme Segen (vgl. Ps 3,9). Der Herr der Heerscharen ist mit uns, der Gott Jakobs ist unsere Burg (vgl. Ps 46,8.12). Die Juden waren glücklich, sie jauchzten vor Freude und waren wieder angesehen (vgl. Est 8,16). – So geschehe es auch uns! Ich will den Kelch des Heils erheben und den Namen des Herrn anrufen." (vgl. Ps 116,13)

Erheben des Bechers mit Wein: „Gepriesen seist du, Ewiger, unser Gott; du regierst die Welt. Du hast die Frucht des Weinstocks geschaffen."

Nehmen der Besamin-Büchse mit den Gewürzen (bevor man daran riecht): „Gepriesen seist du, Ewiger, unser Gott; du regierst die Welt. Du hast verschiedene Arten von Gewürzen geschaffen."

Hand gegen das Licht halten: „Gepriesen seist du, Ewiger, unser Gott; du regierst die Welt. Du hast das Licht des Feuers geschaffen."

Nehmen des Bechers mit Wein: „Gepriesen seist du, Ewiger, unser Gott; du regierst die Welt. Du trennst das Heilige vom Profanen, das Licht von der Finsternis, Israel von den Völkern, den siebten Tag von den übrigen sechs Werktagen. Gepriesen seist du, Ewiger. Du trennst das Heilige vom Profanen."

Man trinkt den größten Teil des Bechers und schüttet den Rest in die Untertasse, um damit das Licht der Hawdala-Kerze zu löschen. Das Essen am Sabbat ist Ausdruck der Festlichkeit dieses besonderen Tages. Der Talmud besagt auch, dass bei den Mahlzeiten die Tora gelehrt werden soll, damit es ein koscheres Essen sei.

Der Duft der Gewürze in der Besamimbüchse soll auch die Trauer über das Ende des Sabbats vertreiben.

d) Vom Sabbat zum Sonntag

Der Sabbat ist nicht einfach gleichzusetzen mit dem Sonntag. Jesus und die ersten Christen waren Juden, d.h. sie erfüllten das jüd. Gesetz, hielten also den Sabbat. Der Auferweckung Jesu gedachten die frühen Christen am ersten Tag der Woche. Dieser war vor zweitausend Jahren ein normaler Arbeitstag.

Als im 4. Jahrhundert das Christentum erlaubt und schließlich im Römerreich zur Staatsreligion wurde, legte man den arbeitsfreien Tag auf den Tag der Auferstehung. Die Gebote für die strenge Einhaltung der Sabbatruhe, wie sie in Ex 31,12–17 vorgeschrieben und in Ex 16,21–30 anschaulich wird, wurden auf den Sonntag übertragen und abgeändert. Somit ist der Sonntag – im jüd. Sabbat verwurzelt – zum christlichen Kulturgut geworden. Darum ist der Sonntag der erste Tag einer neuen Ordnung in Christus.

Der Sederabend wird als festliches Mahl in der Familie mit eigenem Geschirr gefeiert.

4.2 (Wallfahrts-)Feste

Pessach, Schawuot und *Sukkot* sind die drei Wallfahrtsfeste (vgl. Ex 23,17; 34,23–24), an denen zur Zeit des Tempels nach Jerusalem gepilgert wurde (vgl. Dtn 16–17). Diese Feste haben Folgendes gemeinsam:

- Sie erinnern an grundlegende Ereignisse der frühen Geschichte Israels:
  Pessach/Mazzot (Ostern) gedenkt der Befreiung aus Ägypten,
  Schawuot (Wochenfest) der Offenbarung auf dem Sinai und
  Sukkot (Laubhüttenfest) der Hilfe Gottes bei der Wüstenwanderung.
- Im Kulturland wurden sie mit dem Dank für die Ernte verbunden:
  Zu *Pessach* wird für die Früherntе gedankt,
  beim *Wochenfest* für die Getreideernte und
  am *Laubhüttenfest* für die Weinlese bzw. die Ernte der Herbstfrüchte.
- Sie verweisen auf die grundlegenden Glaubensüberzeugungen Israels:
  Pessach ruft das Dasein Gottes in dankbare Erinnerung und gedenkt der Rettung aus unmenschlicher Unterdrückung (vgl. Ex 3,14),
  Schawout erinnert an die Offenbarung Gottes und die Gabe der Tora am Horeb/Sinai (vgl. Ex 19–24) und
  Sukkot an die Hilfe und Fürsorge Gottes für sein Volk während der Wüstenwanderung.

a) *Pessach* und *Mazzot*, das jüdische Osterfest (15.–22. Nisan)

„Am vierzehnten Tag des ersten Monats sollt ihr das Pascha feiern, ein Fest von sieben Tagen. Da soll man ungesäuerte Brote essen.“ (vgl. Ez 45,21)

Das heutige Judentum feiert das Pessachfest als Erinnerung an den Auszug aus Ägypten (vgl. Ex 12–15). Ein alter Blutritus (Opfertötung eines Lammes) von Hirten zur Beschwörung der eigenen Angst und zur Beschwichtigung von unheilvollen Mächten beim Übergang von den Winter- zu den Sommerweiden wurde beim Exodus zum Zeichen der Verschonung, des Vorüberschreitens: Der Engel schritt an den Häusern der Israeliten vorbei und verschonte die Erstgeburt der Israeliten (zehnte Plage; vgl. Ex 12,13.23.27). Daraufhin konnten die Israeliten fliehen (vgl. Ex 12,30ff) und am Schilfmeer entkommen (vgl. Ex 14).

In der Ackerbaukultur des verheißenen Landes wurde dieses ursprüngliche Hirtenfest mit dem Dank für die beginnende Getreideernte (Gerste) zum *Fest der Ungesäuerten Brote* verbunden. Sieben (in der Diaspora acht) Tage lang wird nur ungesäuertes Brot gegessen; mit Hefe hergestellte Speisen (auch Bier) dürfen nicht konsumiert werden.

Die Festrolle für den Synagogengottesdienst am Pessachmorgen ist seit dem 8. Jahrhundert n. Chr. das Hohelied. Damit wird die Beziehung, der Bund JHWHs mit Israel, allegorisch gedeutet: Der Auszug und die Wüstenzeit sind gleichsam die „Brautzeit" Israels (vgl. Jer 2,2; Hos 2,17).

Die Pessach-Hagada ist das Feierbuch mit allen Texten für die familiäre Feier des Sederabends.

Das Pessachfest beginnt mit einem *Sederabend* (*Seder* = Ordnung, die sich in 22 Schritten vollzieht) am Vorabend zur Pessachwoche. Der Sederabend wird als ein festliches Mahl im Familien- und Freundeskreis mit vielen liturgischen Elementen begangen. Im Wesentlichen wurde die heutige Form im 10. Jahrhundert in der *Pessach-Haggada* niedergeschrieben. Vergegenwärtigt wird dabei die Rettung der Israeliten beim Auszug aus Ägypten. „Zu allen Zeiten ist es Pflicht jedes Einzelnen, sich alles so vorzustellen, als sei er selber aus Ägypten gezogen." *(Pessach-Haggada)*

Die Symbolik der einzelnen Feierelemente

Das **Licht** wird wie das Feuer als Leben spendendes Geschenk Gottes erfahren.

Die **Handwaschung** geschieht weniger aus praktischen Gründen, als vielmehr aus Ehrfurcht und Ausdruck des inneren Reinigungswillens.

Das **Mahl** bedeutet mehr als Sättigung, mehr als Verzehr von Speise und Trank zur Stillung von Hunger und Durst. Zum Mahl gehört das gemeinsame Feiern, das gegenseitige Vertrauen, der „Bund". Es ist Gemeinschaft mit den Tischgenossen und darüber hinaus mit Gott, also Begegnung mit dem Lebensursprung.

Die symbolische Bedeutung der Speisen am Sederabend

Salzwasser: Symbol der Tränen, die in der Gefangenschaft Ägyptens vergossen wurden.

Grünes Kraut *(Karpas)*: Symbol für die Früchte der Erde, die zum Leben notwendige Nahrung (z.B. Petersilie, Feldsalat).

Bitterkräuter *(Maror)*: Sinnbild der Bitterkeit (z.B. bitterer Salat, Kren) des Lebens im Land der Knechtschaft (vgl. Ex 1,13; 12,8).

Fruchtmus *(Charoset)*: Der ziegelfarbige Brei aus Früchten (meist Äpfel mit Zimt, Rosinen und Rotwein) erinnert an die Farbe der Lehmziegel, welche die Israeliten bei der Sklavenarbeit in Ägypten herstellten (vgl. Ex 1,14).

Ungesäuertes Brot *(Mazza;* Mehrzahl: *Mazzot):* Wegzehrung (Brot teilen heißt Leben teilen); das ungesäuerte Brot ist Zeichen des eiligen Aufbruchs aus der Gefangenschaft, da keine Zeit mehr blieb, den Brotteig mit Sauerteig zu versetzen (vgl. Ex 12,34.39).

Roter Wein: Er hat die Farbe des Blutes und ist somit Symbol des Lebens (Wein als Opfergabe

Der Sederteller hat für jede symbolische Speise des Mahles eine eigene Vertiefung.

darzubringen bedeutet symbolisch, sein Leben hinzugeben; Wein spendet jedoch auch Leben, Lebensfreude). Beim Pessachmahl soll der rote Wein an das Blut der Opfertiere erinnern, das bei der Feier des Bundesschlusses vom Sinai versprengt wurde mit den Worten: „Das ist das Blut des Bundes, den JHWH mit euch geschlossen hat“ (Ex 24,5–8).

Hartes Ei *(Beza)*: Zeichen der Trauer, Erinnerung an die Zerstörung des Tempels

Hauptspeise: Vor der Zerstörung des Tempels wurde in diesem ein Lamm rituell geschlachtet und zu Hause gegessen. Bei den sefardischen Juden, die unter muslimischer Oberherrschaft lebten, wurde und wird noch immer beim Sederabend Lammfleisch gegessen. Den aschkenasischen Juden, die unter christlicher Oberherrschaft lebten, wurde aus Sicherheitsgründen (d.h. wegen der christlichen Symbolik) untersagt, beim Sederabend Lammfleisch zu essen (meistens Rindfleisch oder Geflügel). Ein Lammknochen am Sederteller *(Sroa)* erinnert an die im Tempel dargebrachten Lämmer. Vor der Tempelzerstörung war das Lamm das Opfertier schlechthin (vgl. Gen 22,7.13); um als Opfer für Gott in Betracht zu kommen, musste es fehlerlos sein (vgl. Ex 12,5): Zeichen der Unschuld, der Sühne, der Hingabe.

Vorbereitung des Festes

Sieben Tage lang darf nichts Gesäuertes *(Chomez)* gegessen werden, daher wird das ganze Haus gründlichst von allem Gesäuerten gereinigt (christlich gesprochen: „Osterputz“). Der Hausherr selbst muss sich persönlich davon überzeugen, dass sich kein Chomez mehr unter seinem Dach befindet. Geschirr, welches das Jahr über verwendet wird, darf zu diesem Fest nicht benutzt werden. Daher gibt es in jüd. Haushalten für dieses Mahl separates Geschirr, das nur zu diesem Fest in Gebrauch ist. Der Erstgeborene der Familie muss, sobald er das 13. Lebensjahr erreicht hat, in Erinnerung an die Verschonung der Erstgeborenen Israels vor dem Fest fasten. Wenn es noch keinen Erstgeborenen gibt, macht dies stellvertretend der Hausvater.

Am Vorabend (= Beginn des neuen Tages) des Festes: Der Sedertisch wird feierlich gedeckt und geschmückt: für jede/n Teilnehmende/n einen Hauptspeisenteller, Besteck, Weinbecher oder -glas und ein hartes Ei. Ein Platz wird zusätzlich gedeckt; er ist für den Propheten Elija gedacht, auf dessen Wiederkunft man wartet. Die Sederschüssel oder ein Sederteller mit den verschiedenen Speisen, die in vorgeschriebener Weise angeordnet sind, wird bereitgestellt, ebenso Wein. Im Laufe der Feier werden vier Becher Wein getrunken. Das Trinken aus dem Becher geschieht links angelehnt (als Zeichen der Freiheit, denn nur

Freie konnten bei Tisch liegen und dergestalt trinken). Ein besonders schöner Becher in der Mitte des Tisches wird, wenn zum dritten Mal eingeschenkt wird, mit Wein gefüllt und ist für Elija bestimmt.

Auf dem feierlich gedeckten Sedertisch steht ein zusätzliches Gedeck für den Propheten Elija.

Feierablauf des Sederabends (eine häusliche Familienfeier)

Eröffnung der Feier: Entzünden des Lichts und Segnung vor dem Sonnenuntergang. Der erste Becher Wein wird eingeschenkt, der Hausvater spricht den Segen darüber; alle antworten und der erste Becher Wein wird (links angelehnt) getrunken.

Einladung zum Mahl: Der Hausvater wäscht sich die Hände mit Wasser. Er tunkt grünes Kraut *(Karpas)* in das Salzwasser und teilt es aus; nach dem Segen wird es gegessen.
Die mittlere Mazza wird in zwei Teile gebrochen; der zur Seite gelegte Teil wird vom Vater versteckt *(Afikoman)* und am Schluss des Festmahles als Nachtisch gegessen. Der zweite Becher wird eingeschenkt, aber noch nicht getrunken.

Erster Hauptteil: Die Festkatechese. Nun folgt die Erzählung *(= Haggada)* von der Errettung des Volkes Israel aus der Knechtschaft in Ägypten. Zu Beginn stellt das jüngste Kind viermal die Frage (vgl. Ex 12,26; 13,14) nach der Bedeutung dieser Mahlfeier. Dann deckt der Hausvater die vorher zugedeckten Mazzot auf und antwortet mit der Haggada (Erzählung über Gottes Handeln von Abraham bis zum Auszug). Nach der Aufzählung der zehn Plagen folgt ein großer Dankhymnus, in dem die Taten Gottes für Israel vom Auszug bis zur Gabe des verheißenen Landes besungen werden; alle antworten jeweils mit *„Dayenu"* (= „es wäre uns genug gewesen"). Es folgen die Erklärung der Festelemente (Pessach, Mazza, Maror) und der erste Teil des großen Hallels (Ps 113 und 114). Der zweite Becher mit Wein wird erhoben, das Danklied gesungen und nach dem Segen der zweite Becher linksseitig angelehnt getrunken.

Zweiter Hauptteil: Das Mahl. Alle Anwesenden waschen sich die Hände und sprechen einen Lobpreis. Es folgt die Segnung der Speisen: Brot *(Mazza)*, Bitterkraut *(Maror)* und Fruchtmus *(Charoset)*. Ein Ei wird in Salzwasser getaucht und gegessen. Danach wird die Hauptspeise eingenommen. Den Abschluss der Mahlzeit bildet das Auffinden jenes Stück Brotes *(Afikoman)* durch die Kinder, das am Anfang vom Vater versteckt wurde (dabei werden den Kindern Süßigkeiten oder Geschenke versprochen); es wird vom Hausvater gegessen. Dieses Brot symbolisiert die letzte Mahlzeit der Israeliten vor dem Auszug aus Ägypten. Danach nimmt man keine Speisen mehr zu sich.

Ausklang: Der dritte Becher wird eingeschenkt (auch für Elija), das Dankgebet für die Mahlzeit gesprochen und der Wein getrunken. Dabei wird die Tür für den Propheten Elija geöffnet.

Ein besonders schöner Becher wird für den erwarteten Propheten Elija bereit gestellt.

Er ist der Überlieferung nach der Vorbote der Erlösung in messianischer Zeit. Der vierte Becher (in Erinnerung an die vier Ausdrücke der Rettung in Ex 6,6–7) wird eingeschenkt und es folgt der zweite Teil des großen Hallels (Ps 115–118; 136). Mit dem Wunsch „Das kommende Jahr in Jerusalem!“ wird der vierte Becher Wein gesegnet und getrunken.

Wohlgefälliger Abschluss: Es folgen Lieder wie das „Zahlenlied“, „Ein Lämmchen“ und weitere, welche die fröhliche Stimmung des Abends noch lange andauern lassen.

Einbeziehung der Kinder

Für das Judentum ist die religiöse Unterweisung in der Familie sehr wichtig. Es gibt kein Fest, bei dem nicht auch die Kinder ihre Aufgaben und ihren Platz haben.

Beim Sederabend hat das jüngste Kind die Aufgabe, die wichtigen Fragen nach der Bedeutung der Mahlfeier zu stellen, die der Vater dann mit der Festkatechese *(= Haggada)* beantwortet – auf diese Weise wird der Glaube an die nächste Generation weitergegeben.

Es wird viermal die Frage gestellt: Warum ist diese Nacht so ganz anders als die übrigen Nächte?

1. Antwort: An allen anderen Nächten können wir Gesäuertes und Ungesäuertes essen, in dieser Nacht nur Ungesäuertes.
2. Antwort: An allen anderen Nächten essen wir beliebige Kräuter, in dieser Nacht nur Bitterkraut.
3. Antwort: An allen anderen Nächten brauchen wir nicht einzutauchen, auch nicht ein einziges Mal, in dieser Nacht zweimal.
4. Antwort: An allen anderen Nächten essen wir freisitzend oder hingelehnt, in dieser Nacht nur links angelehnt.

Auch für die Kinder gilt das Trinken aus dem Becher – entweder Wein (natürlich nur in ganz geringer Menge) oder koscherer Traubensaft.

Um das Fest für die Kinder besonders interessant zu machen, hat sich als eigener Brauch entwickelt, dass der Hausvater zu Beginn ein Stück gebrochene Mazza beiseite legt *(Afikoman)* und versteckt, damit es die Kinder am Ende der Feier suchen können. Denn nur mit dem Verzehr dieses Stückes Mazza kann das Mahl beendet werden. Haben sie es gefunden, verlangen sie dafür vom Vater ein Geschenk (Verstecken und Suchen können rollenmäßig auch getauscht werden).

b) *Schawuot,* das Wochenfest (6. Siwan)

„Du sollst auch das Fest der Ernte, des ersten Ertrags deiner Aussaat auf dem Feld, halten, ..." (Ex 23,16a); – „Du sollst das Wochenfest feiern, das Fest der Erstlingsfrüchte von der Weizenernte ..." (Ex 34,22a).

Das ursprüngliche Erntedankfest Schawuot bekam im Exil eine neue Dimension: den Dank für die Tora.

Diese kurzen Hinweise aus der Frühzeit Israels zur Feier des mittleren der drei Wallfahrtsfeste – sieben Wochen nach dem Pessach – werden in Lev 23,15–22 mit verschiedenen Ausführungsbestimmungen ergänzt. Daraus ist ersichtlich, dass das Wochenfest sehr lange ausschließlich ein Erntedankfest war. Nach altorientalischem Verständnis gehörten das Land und sein Ertrag der Gottheit. Deshalb wurden auch in Israel die ersten Erträge der Ernte in das Heiligtum gebracht und geopfert als Dank und Bitte für weiteren Erntesegen. Während des Babylonischen Exils erhielt dieses Erntedankfest auch eine heilsgeschichtliche Bedeutung: Die feiernde Gemeinde sieht sich gleichsam am Fuß des Sinai, gedenkt der Gottesoffenbarung und dankt für die Tora. In der späteren rabbinischen Glaubenspoesie entspricht das Wochenfest nach der „Brautzeit" des Auszugs und der Wüstenwanderung dem „Hochzeitstag" Israels der Annahme, dem Ja zur göttlichen Offenbarung. Das Zentrale dieses Festes ist das Lernen der Tora. Darum gilt es, die ganze Nacht wach zu bleiben und in einer bestimmten Ordnung die Tora zu studieren.

Die heilsgeschichtliche Erinnerung bestimmt die Schriftlesungen in der Synagoge: Aus der Tora werden Ex 19 und 20 (die Gottesoffenbarung am Sinai und der Dekalog) gelesen; aus den Propheten Ez 1,1–3,15 (die Berufung und die erste Vision Ezechiels) und Hab 3 (das Kommen Gottes „vom Sinai her"). Die *Festrolle* für das Wochenfest ist das Buch Rut, das einerseits erzählt, wie sich die Moabiterin Rut zum Gott Israels bekennt (Rut 1,16), und andererseits davon, wie die Ernte abläuft. Zudem wird geschildert, wie sich Boas an die soziale Gesetzgebung hält, die mit der Befreiung aus Ägypten begründet ist (vgl. Lev 23,22; Dtn 16,11–12).

Traditionell werden am Wochenfest Speisen aus Milchprodukten und Eiern sowie Brot, das in besonderen Formen gebacken wird, gegessen. Eine Festspezialität sind *Blintzen,* eine Art Topfenpalatschinken.

In der Mystik des Judentums wurde teilweise das Wochenfest in der „Nacht des Toralernens" vorbereitet, wobei man symbolisch aus allen biblischen Büchern und aus der Mischna, also die ganze Offenbarung Gottes, las. Lange Zeit war es üblich, dass die Kinder zu Schawuot mit dem Erlernen der Tora begannen. Sie erhielten früher eine Tafel mit hebr. Buchstaben; später wurde ihnen der Anfang des Lernens mit Honig versüßt.

Die einfachen Hütten, in denen die Juden zu Sukkot leben, sollen Regen und Sternenlicht durchlassen.

c) *Sukkot,* das Laubhüttenfest (15.–21. Tischri)

Das Laubhüttenfest wird fünf Tage nach dem Versöhnungsfest gefeiert. Sukkot ist am ersten Tag ein Vollfeiertag, die weiteren sechs Tage sind Halbfeiertage.

In der Königszeit war das Laubhüttenfest das bedeutendste Fest des Jahres, *das* Fest schlechthin (vgl. Lev 23,33–36.39–43; Ri 21,19; 1 Kön 8,65). Für Sukkot gilt in besonderer Weise: „Und du sollst fröhlich sein ..." (Dtn 16,13–17; vgl. Lev 23,39–44).

Die jüd. Familien sollen eine Woche lang in einfachen Hütten *(= Sukkot)* wohnen, weil dies die Israeliten während der Wüstenwanderung taten. Nach Ri 9,27; 21,19–21 übernahm man aber auch eine Gewohnheit der sesshaften Bevölkerung: Um nicht jeden Tag nach Hause zurückkehren zu müssen (und vielleicht auch wegen der Gefahr bestohlen zu werden) übernachtete man in den Wein- oder Obstgärten.

Die Beschaffenheit der Hütten sollte einfach sein, so dass deren Dächer Wind, Sternenlicht und auch Regen durchlassen. In Israel kann man tatsächlich in solchen Hütten wohnen und schlafen; in Ländern mit kühlerem Klima begnügt man sich mit dem Einnehmen der Mahlzeiten in der Hütte. Diese einfachen, vorübergehenden „Wohnstätten" sind ein Zeichen einerseits für das Vertrauen in Gottes Führung und andererseits für die Vergänglichkeit des Menschen und des Glücks. Darum ist die *Festrolle* für Sukkot das Buch Kohelet.

Zum Laubhüttenfest gehören zwei weitere Symbole, die aus vier Pflanzen bestehen: der *Etrog* (eine Zitrusfrucht) und der *Lulav,* ein Strauß aus einem Palmzweig, zwei Weiden- und drei Myrtenzweige; dazu gibt es folgende Deutung:

- Der *Etrog* hat einen angenehmen Duft und eine schöne Form. Er symbolisiert die Juden, welche die Tora kennen und alle guten Taten, die ihnen möglich sind, auch tun.
- Der *Palmzweig* ist schön, duftet aber nicht; so ist der Jude, der die Tora kennt, aber nichts Gutes tut.
- Die *Myrte* duftet, hat aber eine unscheinbare Form; ihr gleicht der Jude, der Gutes tut, obwohl er die Tora nicht kennt.
- Die *Weidenzweige* haben weder einen angenehmen Duft noch eine ansprechende Form; das ist der Jude, der die Tora nicht kennt und auch nichts Gutes tut.

Die drei letztgenannten Symbole weisen darauf hin, dass man Gott auch dann danken soll, wenn das eine oder andere unvollkommen ist; die weniger gute Eigenschaft des einen wird durch die Eigenschaften der anderen wettgemacht.

Am 22. Tischri werden in Israel die Feste *Shmini Azeret* (= Achte der Schlussversammlung) und *Simchat Tora* (= Tora-Freude) gefeiert. Letzteres wird in der Diaspora am 23. Tischri begangen. Am Simchat Tora-Fest werden der letzte (Dtn 34) und der erste (Gen 1) Abschnitt der Tora gelesen und die Torarollen siebenmal um das Lesepult getragen. Singend und tanzend feiert man die Freude an der Tora. Am darauf folgenden Sabbat wird ausschließlich aus der Genesis gelesen.

Der Etrog (eine Zitrusfrucht) und der Lulav (ein Strauß aus bestimmten Zweigen) gehören zu Sukkot.

4.3 Festtage

a) *Rosch HaSchana,* jüdisches Neujahrsfest (1. Tischri) (vgl. Lev 23,23–25)

Das jüd. Jahr beginnt mit dem Monat *Tischri* (September/Oktober). Während die westliche/christliche Welt die Geburt Jesu als Bezugspunkt nimmt und die Zeit in vor und nach Christi Geburt einteilt, nimmt das Judentum die Erschaffung der Welt als Bezugspunkt, d.h. man zählt ab der Schöpfung (= das Jahr Null); womit die christliche Zeitenwende in das Jahr 3761 nach jüd. Zeitrechnung datiert. Der jüd. Kalender ist *lunisolar:* die Monate werden nach dem Mond, die Jahre nach der Sonne berechnet. Jeder Monat fängt mit dem Neumond an und zählt 29 oder 30 Tage. Ein Mondjahr besteht normalerweise aus 354 Tagen. Zum Ausgleich mit dem Sonnenkalender mit 365/366 Tagen schiebt man in einem Zeitraum von 19 Jahren siebenmal einen zusätzlichen Monat ein; diese Schaltjahre zählen anstelle von zwölf Monaten dann 13 Monate.

Rosch HaSchana ist ein zweitägiges ernstes Fest. Die beiden Tage stellen den Anfang der zehn Bußtage dar, die mit dem Versöhnungstag *(= Jom Kippur)* abgeschlossen werden und zur Umkehr rufen. *Rosch HaSchana* verweist auf einen himmlischen Gerichtstag, an dem das Urteil des machtvollen Gottes über die Menschen wegen ihrer Taten im vergangenen Jahr gefällt, am Versöhnungstag besiegelt und im neuen Jahr ausgeführt wird. Dazu werden drei Bücher geöffnet: Ins Buch des Lebens werden die vollkommen Gerechten, ins Buch des Todes die Bösen sowie die Gottlosen eingeschrieben. Im Buch der Mittelmäßigen stehen die Durchschnittlichen, die bis zum Versöhnungstag Zeit haben, sich durch Reue, Buße und Umkehr zu ändern, um dann ins Buch des Lebens eingeschrieben zu werden.

Einige Festgewohnheiten:

- *Rosch HaSchana* ist getragen von großem feierlichen Ernst.

Sowohl zum Neujahrsfest als auch am Versöhnungstag wird das Widderhorn (Schofar) geblasen.

- Zu diesem Fest wird das Widderhorn geblasen, da nach Gen 22,13 anstelle von Isaak ein Widder geopfert wurde und weil das Blasen des Horns mit dem ernsten Gedanken des Gerichtes verbunden ist.
- Die Sitte des *Taschlich:* Man geht zu einem Fluss, spricht Mi 7,18–20, schüttelt seine Kleider aus und wirft Brotkrümel in den Fluss: So wie diese sollen die schlechten Taten vom Ausführenden weggenommen werden.
- Das Festbrot *(Challah)* wird an diesem Tag nicht zopfförmig (wie am Sabbat) gebacken, sondern spiralförmig als Laib, um auf den Jahreskreislauf hinzuweisen.
- Apfelstücke oder Brot werden in Honig getaucht. Dazu isst man frische Früchte und wünscht sich (wie auch allgemein) *„Schana tov!"* – ein gutes (süßes) Jahr.

b) *Jom Kippur,* Versöhnungstag (10. Tischri) (vgl. Lev 23,26–32)

Zehn Tage nach *Rosch HaSchana* feiern die Juden den wichtigsten Festtag des Jahres: den Versöhnungstag, einen Tag der Buße und Umkehr. Neben diesem 25 Stunden dauernden Fasttag wird nur noch am 9. Aw in diesem Ausmaß gefastet (alle anderen Fasttage dauern von Sonnenaufgang bis zum Sonnenuntergang).

Nach jüd. Überzeugung wird am Neujahrstag von Gott das Urteil über die Taten des vergangenen Jahres gefällt und am Versöhnungstag ausgeführt. Die dazwischen liegenden Tage sind Buß- und Gebetstage, um begangenes Unrecht zu erkennen, sich mit den Mitmenschen zu versöhnen und dadurch Gott milde zu stimmen (vgl. das Verhalten Davids in 2 Sam 12,15–23), um „ins Buch des Lebens eingeschrieben zu werden". Den Vorschriften von Lev 23,26–32 entsprechend ist der Versöhnungstag ein Tag der absoluten (Arbeits-) Ruhe, der vollkommenen Enthaltung, des Fastens, des Gebetes, des Sündenbekenntnisses und der Umkehr. Das zehnstündige Gemeindegebet ist geprägt durch den wiederholten Ruf der ganzen Gemeinde: „Wir sind schuldig gewesen". Dabei beklagt man nicht nur, dass man Sünden begangen hat, sondern auch, dass man die Sünden anderer nicht verhindert und Gutes nicht getan hat. Das wichtigste und erste Gebet an diesem Tag ist das *Kol Nidre:*

> ***Alle Gelübde, Verbote, Bannsprüche, Umschreibungen und alles was dem gleicht, Strafen und Schwüre, die ich gelobe, schwöre, als Bann ausspreche, mir als Verbot auferlege von diesem Jom Kippur an bis zum erlösenden nächsten Jom Kippur. Alle bereue ich, alle seien ausgelöst, erlassen, aufgehoben, ungültig und vernichtet, ohne Rechtskraft und ohne Bestand. Unsere Gelübde seien keine Gelübde, unsere Schwüre keine Schwüre.***

Beim Morgengebet in der Synagoge werden aus der Tora Lev 16 und Num 29,7–11 (die Vorschriften für den Versöhnungstag) und aus der *Haftara* (= Propheten) Jes 57,14–58,14 (die Pflichten am Fasttag) gelesen.

An Jom Kippur findet man sich zu einem zehnstündigen, vom Sündenbekenntnis geprägten Gemeindegebet zusammen.

Auf Lev 16 gehen zwei Besonderheiten des *Jom Kippur* zurück, die aber mit der Zerstörung des Tempels endeten: In der Zeit des Tempels sprach der Hohepriester an *Jom Kippur* das einzige Mal während eines Jahres im Allerheiligsten den Gottesnamen aus, wozu sich das Volk im Tempel zum Zeichen der Ehrfurcht auf die Erde legte (vgl. Lev 16,12–17), und das Ritual des Sündenbockes, der mit den Sünden des Volkes beladen in die Wüste getrieben, d.h. geopfert wurde. An dessen Stelle dürfte im Mittelalter die *Kapparah* (= Sühne) getreten sein: Man schwang einen Hahn (ein Huhn) dreimal über dem Kopf, tötete ihn dann als Austausch oder Ersatz und sprach: „Dieser Hahn gehe zum Tode, ich aber trete ein zu einem guten, langen Leben in Frieden" (das Fleisch wurde den Armen gegeben). Heute wird dieser Brauch vielfach abgelöst durch Spenden für einen wohltätigen Zweck.

Das Sch'ma Jisrael steht zentral am Fuß des großen siebenarmigen Leuchters vor dem Parlament in Jerusalem.

Im Nachmittagsgottesdienst wird das Buch Jona gelesen, welches von den Menschen des heidnischen Ninive erzählt, nachdem sie die halbherzige Umkehrpredigt des Jona gehört haben. Damit sind die Juden aufgerufen, anderen Völkern in Umkehr und Buße nicht nachzustehen, und es wird gezeigt, dass Gott barmherzig ist gegenüber *allen* Menschen. Den feierlichen Abschluss der Gottesdienste an diesem Tag bilden das Sch'ma Jisrael (Dtn 6,4–5), der dreimalige Lobpreis der Königsherrschaft Gottes, die siebenmalige Wiederholung des Bekenntnisses zu dem einen Gott Israels sowie das Blasen des Widderhorns.

Das Fest Jom Kippur gibt den Gläubigen die Gewissheit, dass Gott nach dem aufrichtigen Bekenntnis und dem Vorsatz, das Leben nach der Weisung Gottes auszurichten, die Sünden vergeben hat. Versöhnt mit den Mitmenschen und mit sich selbst und im Vertrauen auf den barmherzigen Gott beginnt der Alltag eines neuen Jahres.

Beim achttägigen Chanukkafest wird jeden Tag ein zusätzliches Licht am Chanukkaleuchter entzündet.

c) *Chanukka,* Lichterfest (25. Kislew – 2. Tewet) (1 Makk 4,36–59)

Chanukka bedeutet Einweihung. Das Fest wird am 25. Tag des hebr. Monats *Kislew* (Dezember) gefeiert und erinnert an die Wiedereinweihung des Tempels von Jerusalem am 25. Kislew 164 v. Chr. durch die Makkabäer.

Als die griechischen Seleukiden den Tempel für ihre Götzendienste in Anspruch genommen hatten und er dadurch für den jüd. Gottesdienst entweiht war, wagte die Gruppe der jüd. Makkabäer den Aufstand und eroberte ihren Tempel zurück.

In Zusammenhang mit dieser Eroberung erzählt eine rabbinische Legende: Als die Makkabäer nach dem Betreten des Tempels die Lichter der *Menora* (= siebenarmiger Leuchter) entzünden wollten, fanden sie nur ein kleines versiegeltes Gefäß, das gerade so viel kultisch verwendbares Öl enthielt, um die Menora einen Tag lang am Brennen zu halten. Als sie jedoch entzündet wurde, brannte das Öl acht Tage lang – lange genug, damit die Israeliten frisches Öl bereiten konnten (vgl. Schab 21b). Zur Erinnerung an dieses Ölwunder wird jährlich ab dem 25. Kislew acht Tage lang am Chanukkaleuchter *(= Chanukkija)* jeweils eine Kerze mehr angezündet. Das Entzünden der Lichter des Chanukkaleuchters, das gleich nach Anbruch der Dunkelheit erfolgen soll, ist die eigentliche Zeremonie des achttägigen Festes. Dazu werden Segenssprüche gebetet und Lieder gesungen. Der Leuchter soll sichtbar ins Fenster gestellt werden (außer man fühlt sich bedroht); er hat insgesamt neun Arme: acht, um acht Tage lang je ein Licht mehr zu entzünden und einen neunten, den so genannten *Schammasch* (= Diener), von dem aus die Kerzen angezündet werden. Das Entzünden der Kerzen erinnert zwar vordergründig an das Wunder des Ölvorrats, aber ebenso daran, dass eine Minderheit (die Israeliten) eine Mehrheit (die seleukidische Besatzungsmacht) besiegt hat.

Zu Chanukka bekommen die Kinder Geschenke (ähnlich unserem Weihnachts-fest) und man serviert für das Fest typische Speisen, die mit/in Öl zubereitet werden (z.B. Kartoffelpfannkuchen [genannt *Latkes* = Apfelkuchen, Ölkuchen], Krapfen).

Außerdem sind Besuche und Einladungen üblich und auch das Dreidl-Spiel (ein Kreiselspiel) wird in dieser Zeit gerne gespielt.

d) *Purim,* Losfest (14. Adar bzw. im Schaltjahr Adar II) (Buch Ester)

Purim erinnert an die Rettung der Juden zur Zeit des persischen Königs Artaxerxes durch die Königin Ester vor dem Erlass des königlichen Beraters Haman, der die Juden durch das Los (hebr. *pur),* das er warf, vernichten wollte. Der Vortag des Festes ist (nur tagsüber) ein Fasttag in Anlehnung daran, dass sich das Volk auch damals durch Fasten, Weinen und Trauer läuterte.

Am Festtag (der mit dem Abend des Vortages beginnt) wird die Esterrolle *(Megilla,* handgeschrieben auf Pergament) zweimal gelesen: einmal am Abend zu Beginn des Festes und das zweite Mal nach dem Morgengebet. Dabei bekommen die Kinder Rasseln und Ratschen und dürfen jedes Mal, wenn der Name des Bösewichts Haman fällt, damit Lärm machen. An diesen Stellen muss der Vorlesende eine Pause einlegen, damit kein Wort der Schrift verloren geht.

Zum Purimfest wird die Esterrolle zweimal verlesen: am Vorabend und am Morgen des Festtages.

Das Purimfest ist ein Fest der Freude, das sich auch im Essen und Trinken ausdrückt. Dabei gilt der Satz der Weisen: „Jeder muss soviel Wein trinken, bis er nicht mehr zwischen ‚Verflucht Haman!' und ‚Gesegnet Mordechai!' unterscheiden kann." Zu diesem Fest werden auch die *Hamantaschen* gebacken, ein spezielles Gebäck, das mit Marmelade und Mohn gefüllt ist. Außerdem ist es Brauch geworden, sich an diesem Fest zu verkleiden, um so nochmals der Freude und dem Humor Ausdruck zu verleihen; Trauerreden und Fasten sind an diesem Fest verboten.

Zu Purim werden Geschenke an die Armen und Bedürftigen verteilt. Früher waren es Speisen und Getränke, heute hat sich die Geldspende als Almosen durchgesetzt. Dazu wurde schon zur Zeit des Talmuds in der Diaspora aufgerufen.

Wenn ein Schaltmonat ist (Adar II), wird zusätzlich im Adar I ein kleines *Purim-Fest* gefeiert.

4.4 Gedenktage

a) Neujahrstag der Bäume, *Tu BiSchewat* (= der 15. Schewat) (vgl. Lev 9,23–25)

In der Mischna wird überliefert, dass das Haus *Hillels* den 15. Schewat als Neujahrsfest der Bäume festgelegt hat. An diesem Tag ist es Brauch, eine Frucht zu essen, die in diesem Jahr noch nicht gegessen wurde. Der kleine jüd. Feiertag fällt in Israel auf das Ende der Regenzeit, nach welcher die ideale Pflanzzeit beginnt; darum werden an diesem Tag Bäume gepflanzt.

b) *Omer-Periode* (vgl. Lev 23,9–14)

Das hebr. Wort *omer* bezeichnet eine Gabe und wird in dieser Periode auf die Erstlingsgaben bezogen, die dargebracht werden (Gerste am Beginn und Weizen am Ende). Davor darf nichts von der neuen Getreideernte gegessen werden.

Seit der Tempelzerstörung gilt die Periode von 49 Tagen ab dem 16. Nisan (bis zu *Schawuot,* dem Wochenfest) als Buß- und Trauerperiode. Ausgenommen ist der 33. Tag (*Lag BaOmer;* siehe e).

c) Holocaustgedenktag, *Jom HaSchoa* (27. Nisan)

An diesem Tag gedenkt man öffentlich aller jüd. Opfer der nationalsozialistischen Herrschaft. In der Holocaustgedenkstätte *Yad Vashem* (vgl. Jes 56,5) in Jerusalem werden Blumen und Kränze niedergelegt. Die jüd. Vergnügungslokale in Israel haben geschlossen und während einer zweiminütigen absoluten Arbeitsruhe (wobei die Sirenen heulen) wird schweigend der Opfer gedacht.

Außerhalb Israels wird am 19. April zugleich des Aufstands im Warschauer Ghetto gedacht.

d) Tag der Unabhängigkeitserklärung des Staates Israel, *Jom HaAzmaot* (5. Ijar)

Am 5. Ijar 5708 (= 14. Mai 1948) wurde Israel als selbstständiger Staat ausgerufen. Dem ging der Teilungsplan von Palästina in der UN-Resolution 181 vom 29. November 1947 voraus.

In Israel wird der Unabhängigkeitstag als Staatsfeiertag ausgelassen gefeiert. Aber auch das Gebet ist wichtig: So werden die Hallel-Psalmen gesprochen und andere Gebete in das Morgengebet eingefügt. In der Diaspora, d.h. in der ganzen Welt, freuen sich Juden an diesem Tag auch darüber, dass sie jederzeit ein Recht auf Aufnahme im Staat Israel haben – ein Aspekt, der im Falle von Bedrohungen sehr wichtig ist.

e) *Lag BaOmer* (18. Ijar)

Innerhalb der Omer-Periode, einer 49 Tage dauernden Buß- und Trauerzeit, wird am 33. Tag eine Unterbrechung durch den Gedenktag Lag BaOmer am 18. Ijar gemacht.

Dieser Tag erinnert an den Bar-Kochba-Aufstand 132–135 n. Chr., bei dem viele Tausende Schüler des Rabbi Akiba starben. So wird dieser Halbfeiertag besonders in Israel von Gelehrten begangen; er ist schul- und studienfrei. Bei Picknicks werden gerne Feuer entzündet. Da an diesem Tag die Gebote für die 49 Omer-Tage nicht gelten, finden auch viele Hochzeiten statt. In der Tradition gilt der 18. Ijar zusätzlich als Todestag von Rabbi Schimon ben Jochai, einem Schüler des Rabbi Akiba. Die Grabstätte von Rabbi Schimon ben Jochai in Galiläa wird an diesem Gedenktag besonders gerne aufgesucht.

Biblisch ist der Tag mit dem Manna (Ex 16) in Verbindung gesetzt worden; es gibt aber keine religiösen Vorschriften (vgl. oben Omer-Periode b).

Am 9. Aw wird der Zerstörung des Tempels 586 v. Chr. gedacht – es ist ein Tag der Trauer.

f) Jerusalemtag, *Jom Jeruschalajim* (27./28. Ijar)

Zur Erinnerung an die Eroberung der Altstadt von Jerusalem im Sechstagekrieg am 7. Juni 1967 (28. Ijar 5727) wird dieser Feiertag begangen. Seit der Zerstörung des Tempels im Jahre 70 kam damit der „Tempelberg" wieder unter jüd. Militärkontrolle. In Jerusalem wird an der Westmauer der gefallenen Soldaten gedacht; es werden Fackeln entzündet.

g) Fasttag am 17. Tammus

Mit diesem Fasttag beginnen die drei Wochen der Trauer bis zum 9. Aw. Zu dieser Zeit wird der Belagerung Jerusalems gedacht (Sach 8,19) und auch anderer tragischer Ereignisse wie der Zerschlagung der Bundestafeln durch Mose (Ex 32,19), der Unterbrechung der Darbringung der Tempelopfer, der Verbrennung der Torarollen durch Apostomos und der Aufstellung eines Götzenbildes im Tempel (Dan 12,11). Heute sind von verschiedenen Gruppen in dieser Zeit Hochzeiten, Tanz sowie Feiern nicht üblich und auch das Haar wird nicht geschnitten.

h) *Tischa BeAw* (9. Aw), Gedenktag an die Zerstörungen des Tempels

Der 9. Aw ist ein ernster Gedenk- und Fasttag. Wie an *Jom Kippur* wird 25 Stunden gefastet. Man gedenkt der Zerstörungen des Tempels im Jahr 586 v. Chr. durch die Babylonier (vgl. 2 Kön 25,9) und im Jahre 70 n. Chr. durch die Römer, womit die Zerstreuung der Juden (Diaspora) begann. Nach dem Bar-Kochba-Aufstand 135 n. Chr. wurde das jüd. Jerusalem dem Erdboden gleichgemacht und als heidnisch-römische Stadt *Aelia Capitolina* aufgebaut. Im Talmud werden noch andere verhängnisvolle Geschehen mit diesem Tag verbunden:

- das Urteil über die Generation der Wüstenwanderung, die wegen des mangelnden Gottvertrauens 40 Jahre lang durch die Wüste ziehen musste und nicht ins Gelobte Land einziehen durfte (vgl. Num 14,26–35)
- die Eroberung der wichtigen Festung Bethar durch die Römer im Bar-Kochba-Aufstand (135 n. Chr.)

- die Tatsache, dass an diesem Tag der Platz des zerstörten Allerheiligsten des Tempels umgepflügt wurde (Mischna Ta´anit 4,6)
- die Vertreibung der Juden aus Spanien (1492 n. Chr.)

Damit liest sich der Festinhalt wie eine (Negativ-)Geschichte Jerusalems. Die Zerstörung des Tempels hatte zur Folge, dass der Opferkult aufhörte, denn Opfer dürfen nach der Tora nur im Jerusalemer Tempel, nicht aber in den Synagogen (die ihrem Wesen nach Gebetsstätten bzw. Schulen sind) dargebracht werden.

Der *Tischa BeAw* ist ein Halbfeiertag, daher sind Reisen und Arbeiten erlaubt. Im Gottesdienst wird das Buch der Klagelieder gelesen. Daneben wird religiöse Lyrik, die so genannte *Kinoth* (vgl. 2 Sam 1,17) vorgetragen. Zeichen der Trauer sind das Schuhe-Ausziehen, bevor man an diesem Tag die Synagoge betritt, das Sitzen am Boden oder auf niedrigen Stühlen und die Klage; man trägt keinen Tallit und keine Tefillin.

Auf den *Tischa BeAw* als Tag der Trauer folgt ein freudiger Sabbat. Man liest Jes 40,1–2: „Tröstet, tröstet mein Volk! ...“, denn biblischer Glaube bleibt nicht in der Klage stecken, sondern weiß um Trost und Erlösung durch den Gott Israels; es folgen sieben Wochen des Trostes bis zum Neujahrsfest *(Rosch HaSchana)*. Nach jüd. Tradition wird an einem *Tischa BeAw* der Messias geboren werden.

Exkurs: Jerusalem und der Tempel zur Zeitenwende

Die Gründung der Stadt Jerusalem wird für das 2. Jahrtausend v. Chr. auf dem Südosthügel angenommen. Allerdings gehen die ältesten Siedlungsspuren auf das 5. Jahrtausend v. Chr. zurück (Keramiken aus der Kupferzeit). Auch schriftliche Quellen, in denen Jerusalem genannt wird, sind bekannt. Dazu gehören ägyptische Ächtungstexte (19. Jahrhundert v. Chr.), welche Jerusalem erstmals als befestigte Stadt erwähnen und die ägyptischen *Armana-Briefe* (14. Jahrhundert v. Chr.), die über die schwindende Macht des jebusitischen Stadtstaates berichten. Trotz dieses Machtverlustes konnten nach Jos 15,63 und Ri 1,21 die Judäer die Jebusiter nicht aus Jerusalem vertreiben. Dies gelang erst David, der mit seinen eigenen Leuten die Burg Zion eroberte und Jerusalem zu seiner Stadt machte (vgl. 2 Sam 5,6–9). Durch ihn wurde Jerusalem als seine Residenz zu einem religiösen und politischen Zentrum, das keinem Gebiet der Stämme Israels angehörte. Gefestigt wurde diese Stellung mit dem Bau des Ersten Tempels unter König Salomo (vgl.1 Kön 6–8). Als aber nach dem Tod Salomos das Reich in ein Nord- und ein Südreich zerfiel, blieb Jerusalem die Reichsmetropole für das Südreich Juda, dem die Stämme Juda und Benjamin angehörten. Während das umliegende Gebiet immer wieder äußeren Bedrohungen erlag, konnte Jerusalem lange standhalten, so dass sich, nachdem der assyrische König Sanherib 701 v. Chr. (vgl. 2 Kön 18–19) die Belagerung der Stadt aufgeben musste, die Vorstellung von der Unzerstörbarkeit Zions und des Tempels entwickelte. Nicht zuletzt war diese Stabilität auf das dynastische (erbliche) Königtum und auf die Kultreformen dieser Zeit zurückzuführen. So erklärte König Joschija den Tempel um 620 v. Chr. zum einzigen Kultheiligtum des Reiches (vgl. 2 Kön 23), wodurch der JHWH-Kult auf Jerusalem ausgerichtet wurde.

Die Regierungszeit Joschijas endete aber, als Jerusalem für kurze Zeit in den ägyptischen Einflussbereich kam und ab 597 unter babylonische Herrschaft (2 Kön 24,10). Im Jahre 586 v. Chr. wurde die Stadt endgültig von den Babyloniern erobert, der Tempel zerstört (2 Kön 25,8–21) und die Bevölkerung ins Exil verschleppt.

Durch einen Erlass des Perserkönigs Kyros (538 v. Chr.), der die babylonische Macht abgelöst hatte, konnte nach dem Babylonischen Exil und der Rückkehr nach Jerusalem der Tempel wieder aufgebaut (520–515 v. Chr.) und die Stadt neu befestigt werden (vgl. Neh 2,11–3,32; 7,1–3).

Nach Alexander dem Großen herrschten ab 302 v. Chr. die Ptolemäer in Jerusalem, ab 198 die Seleukiden. Gegen die Hellenisierung durch Antiochius IV. (175–164 v. Chr.) und die Entweihung des Tempels traten die Makkabäer entschieden und mit Erfolg auf: Es kam zur Wiedereinweihung des Tempels und eine neue Blütezeit begann; auch die so genannte „Erste Mauer" entstand (Josephus Flavius, Jüdischer Krieg 5,136.142–145).

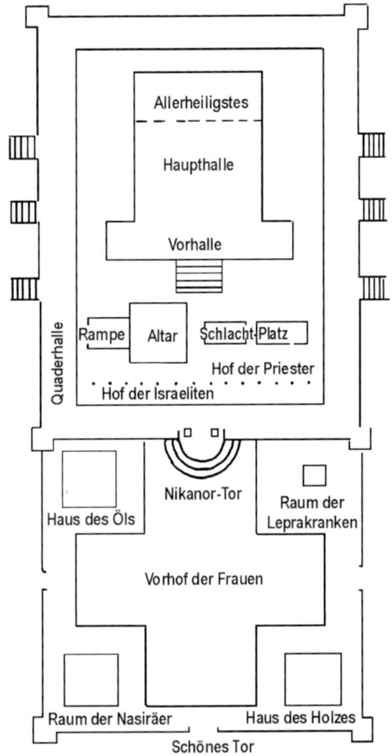

Grundriss des Herodianischen Tempels zur Zeit Jesu.

Die so genannte „Zweite Mauer" wur-de unter Herodes dem Großen (37–4 v. Chr.) zur Sicherung der Stadt im Norden errichtet. Herodes entwickelte eine enorme Bautätigkeit und ließ mit unvorstellbarem Aufwand die Tempelanlage prachtvoll ausbauen: Die Außenmauern umgaben eine Fläche von ca. 500 x 300 Metern (= Fläche von 15 Fußballfeldern).

„Wer Herodes' Tempel nicht sah, hat nie ein schönes Bauwerk gesehen." (Josephus Flavius, Baba Bathra 4a)

Agrippa I. (41–44 n. Chr.), der Enkel des Herodes, ließ die „Dritte Mauer" im Nordwesten errichten, wodurch der Hügel Golgota innerhalb der Stadtmauern zu liegen kam.

Zur Zeit Jesu wohnten schätzungsweise 80.000 Menschen in Jerusalem – bis zum Jüdischen Krieg: Dieser endete mit der Zerstörung Jerusalems und des Tempels durch Titus (70 n. Chr.), wodurch auch das sichtbare religiös-kultische Zentrum der Juden verloren ging. Damit nicht genug versuchte Kaiser Hadrian Jerusalem in eine heidnische Stadt, *Aelia Capitolina,* umzuwandeln, was zum Zweiten Jüdischen Krieg (132–135 n. Chr.) führte. Nachdem dieser von Bar Kochba geführte Aufstand von den Römern niedergeschlagen worden war, kam es zur Errichtung eines Jupitertempels auf dem Tempelplatz und den Juden wurde untersagt, Aelia Capitolina zu betreten. Erst kurz vor 300 n. Chr. bekamen sie wieder die Erlaubnis, einmal pro Jahr an die Westmauer des Tempelplatzes zu kommen, um dort zu beten.

Vor den Resten der Westmauer des Tempels sind beinahe immer Juden beim Gebet anzutreffen.

Zur Zeit Jesu war der Tempelplatz von prachtvollen Säulenhallen umgeben, in denen der jüd. Glaube unterrichtet und Handel getrieben wurde. In den Eingangsbereichen hielten sich Geldwechsler und Kaufleute auf, die Opfertiere anboten (vgl. Mk 11,15–17). Etwas erhöht lag die Burg Antonia, eine römische Kaserne, von der aus die römischen Soldaten den Tempel überwachen konnten (vgl. Apg 21,27–40).

Den Tempel selbst umgab ein steinernes Geländer, an das Schildor mit folgendem Wortlaut angebracht waren: „Kein Heide darf hinein in das Heiligtum. Wer trotzdem dort aufgegriffen wird, hat es sich selbst zuzuschreiben, denn darauf steht der Tod." Nur Juden durften durch das „Schöne Tor" (vgl. Apg 3,2) den Frauenvorhof mit den Opferkästen betreten (vgl. Mk 12,41–44). Von dort aus führte nach 15 Stufen das „Nikanortor" in den Männervorhof. Hinter diesem schloss sich der Priestervorhof an, in dem der riesige, neun Meter lange Brandopferaltar stand, auf dem geschlachtete Rinder, Ziegen, Schafe und Tauben verbrannt wurden. Neben dem Brandopferaltar standen sechs fahrbare Kesselwagen mit Wasser zum Säubern des Opferfleisches. Ein großes Becken, das „Eherne Meer", mit einem Durchmesser von 4,5 Metern fasste 73.000 Liter Wasser und wurde von zwölf bronzenen Rindern getragen.

Das eigentliche Tempelgebäude, das nur Priester betreten durften, bestand aus der Priestervorhofhalle *(Ulam)*, dem Heiligen *(Hechal)* und dem Allerheiligsten *(Debir)*. Um das Heilige und das Allerheiligste lagen die Schatzkammern.

Im Heiligen befanden sich der große goldene siebenarmige Leuchter und der Schaubrot-Tisch, auf dem jede Woche am Sabbat zweimal sechs Brote (Schaubrote) übereinander aufgelegt wurden (vgl. 1 Sam 21,2–7; Mt 12,3–4). Auf dem Räucheraltar verbrannte ein Priester morgens und abends stark duftende Kräuter. Ein Vorhang trennte das Heilige vom Allerheiligsten (vgl. Mt 27,51). Bis zu diesem Vorhang konnten die Menschen sehen, wenn sie draußen in den Vorhöfen standen und die Tempeltore geöffnet waren.

Das Allerheiligste selbst, ein leerer, fensterloser, dunkler Raum (die Bundeslade existierte nicht mehr), durfte nur vom Hohenpriester einmal im Jahr, am Versöhnungstag *(Jom Kippur)* betreten werden.

Bis zum Jahr 64 n. Chr. wurde am Herodianischen Tempel gebaut. Aber schon sechs Jahre später zerstörten die Römer nach einem jüd. Aufstand das prachtvolle Bauwerk. Seine wertvollen Schätze, unter anderem auch den siebenarmigen Leuchter des Heiligtums, brachten sie nach Rom. Nur ein Teil der Stützmauer der Tempelanlage an der Westseite blieb bestehen – die heutige „Westmauer", ein wichtiger Gebetsort für Juden aus aller Welt.

4.5 Der jüdische Kalender

a) Jüdische Zeitrechnung

Die jüd. Zeitrechnung geht von der Erschaffung der Welt aus, die nach unserer Zeitrechnung im Jahr 3761 v. Chr. angesetzt wird (genau am Sonntag, 6. Oktober 3761 v. Chr. um 23 Uhr, 11 Minuten und 20 Sekunden); am 9. September 2010 beginnt also nach jüd. Kalender das Jahr 5771.

Das Jahr ist eingeteilt in vier Jahreszeiten: Beginn des Frühlings im *Nisan,* Beginn des Sommers im *Tammuz,* Beginn des Herbstes im *Tischri* und Beginn des Winters im *Tewet.* In der Antike orientierte man sich an Jahreszählungen nach politischen Gegebenheiten (Regierungszeiten der jüd. Könige; Zählung nach „Revolutionsjahren" während der Aufstände 70 und 132 n. Chr.).

Der jüd. Kalender basiert sowohl auf den Mondphasen (Monate) als auch auf dem Sonnenzyklus (Jahre) und ist somit ein *lunisolarer* Kalender. Jeder Monat besteht aus 29 bzw. 30 Tagen, das Jahr aus zwölf Monaten. Ein reiner Mondkalender wäre undenkbar, da die jüd. Feste zwar nach Monaten datiert werden, gleichzeitig aber (da sie ihrem Ursprung nach Landwirtschaftsfeste sind) von den vom Sonnenjahr bestimmten Jahreszeiten abhängig sind. Der Zyklus von zwölf Mond-Monaten muss daher in bestimmten Jahren durch einen besonderen Schaltmonat *(Adar II)* an das (längere) Sonnenjahr angeglichen werden (das Mondjahr hat 353–355 Tage, das Sonnenjahr 365 ¼ Tage); d.h. das reguläre jüd. Jahr hat 353–355 Tage, das Schaltjahr 383–385 Tage. Das Jahr beginnt (vermutlich seit der Babylonischen Gefangenschaft) im Herbst (1. Tischri). Das religiöse Jahr beginnt mit dem Nisan (vgl. Ex 12,2).

Der gegenwärtige jüd. Kalender (d.h. die Festlegung der komplizierten Berechnung der Schaltjahre) wird von der Tradition auf Hillel II. (358/359 n. Chr.) zurückgeführt. Mit Sicherheit besteht der heutige jüd. Kalender jedenfalls seit dem 10. Jahrhundert n. Chr.

Neben diesem Kalender hat es im Judentum Ansätze zu einem reinen Sonnenkalender gegeben: Ein Sonnenkalender von 364 Tagen ist in den pseudepigraphischen Schriften des *Äthiopischen Henochbuches* und v.a. des *Jubiläenbuches* bezeugt und war wahrscheinlich auch in der Gemeinde von Qumran in Gebrauch (die Einführung des Sonnenkalenders war möglicherweise ein äußeres Zeichen eines Sonderweges in Absetzung von der Jerusalemer Kultgemeinde).

b) Monate

Tischri	(September/Oktober)	Nisan	(März/April)
Cheschwan	(Oktober/November)	Ijar	(April/Mai)
Kislew	(November/Dezember)	Siwan	(Mai/Juni)
Tewet	(Dezember/Januar)	Tammus	(Juni/Juli)
Schewat	(Januar/Februar)	Aw	(Juli/August)
Adar	(Februar/März)	Elul	(August/September)
Adar II	(im Schaltjahr; März/April)		

c) Wochentage

Jom Rischon	(1. Tag, Sonntag)
Jom Scheni	(2. Tag, Montag)
Jom Schlischi	(3. Tag, Dienstag)
Jom Revii	(4. Tag, Mittwoch)
Jom Chamischi	(5. Tag, Donnerstag)
Jom Schischi	(6. Tag, Freitag)
Schabbat	(Samstag, Ruhetag)

d) Jüdische Feste bis 2013

***Rosch HaSchana* – Neujahr** (1.–2. Tischri; angegebener Tag ist der 1. Tischri)

2009 (5770): 19. September
2010 (5771): 09. September
2011 (5772): 29. September
2012 (5773): 17. September
2013 (5774): 05. September

***Jom Kippur* – Versöhnungstag** (10. Tischri)

2009: 28. September
2010: 18. September
2011: 08. Oktober
2012: 26. September
2013: 14. September

***Sukkot* – Laubhüttenfest** (15.–21. Tischri; angegebener Tag ist der 15. Tischri)

2009: 03. Oktober
2010: 23. September
2011: 13. Oktober
2012: 01. Oktober
2013: 19. September

Chanukka (25. Kislew–2.Tewet; angegebener Tag ist der 25. Kislew)

2009: 12. Dezember
2010: 02. Dezember
2011: 21. Dezember
2012: 09. Dezember
2013: 28. November

Pessach (15.–22. Nisan; angegebener Tag ist der 15. Nisan; Sederabend ist am 14. Nisan)

2010: 30. März
2011: 19. April
2012: 07. April
2013: 26. März

***Schawuot* – Wochenfest** (6.–7. Siwan; angegebener Tag ist der 6. Siwan)

2010: 19. Mai
2011: 08. Juni
2012: 27. Mai
2013: 15. Mai

Der jüd. Kalender zum Nachschauen und Blättern:
http://www.hagalil.com/kalender/monate.htm; zum Herunterladen: http://www.kaluach.org

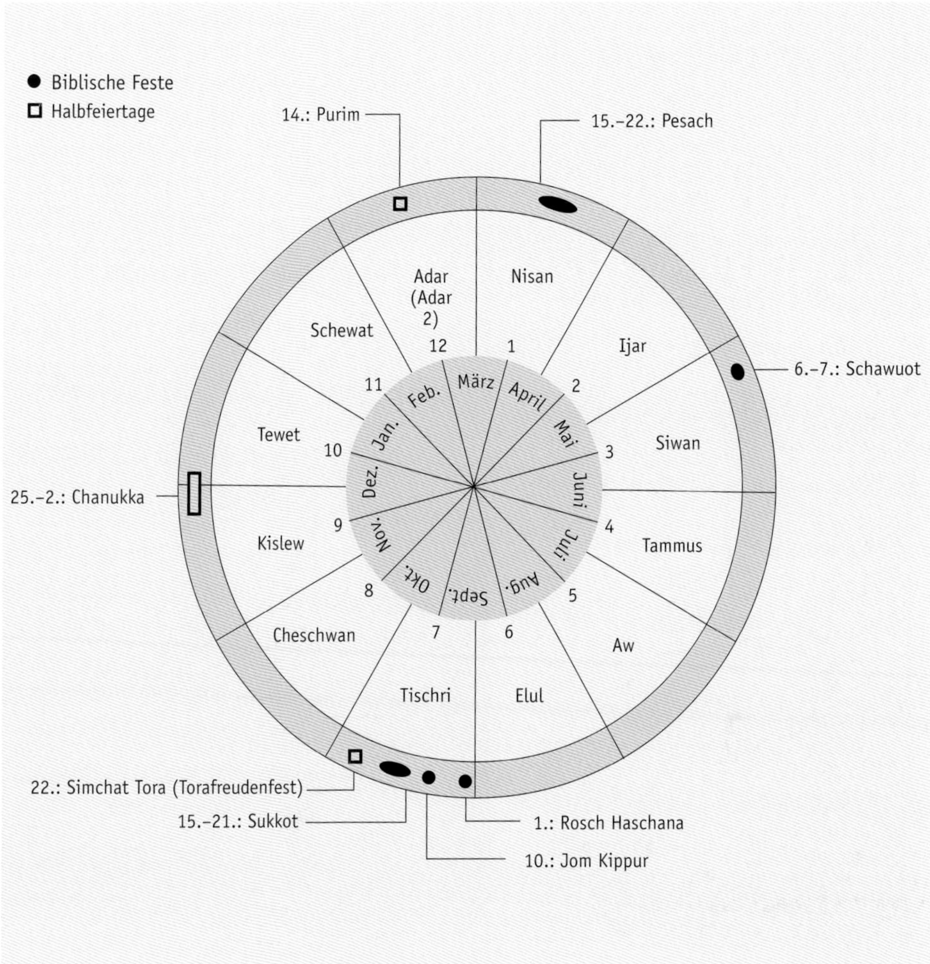

Der jüd. **Festkreis** orientiert sich am Mondkalender.

Fest	Zeitpunkt	Bedeutung/Erinnerung an
Pesach und Mazzot – Fest der Ungesäuerten Brote	15.–22. Nisan	Exodus
Rosch Haschana – Neujahrsfest	1. Tischri	Beginn der zehntägigen Besinnungszeit
Jom Kippur – Versöhnungstag	10. Tischri	Versöhnung – Fasttag als Zeichen der Umkehr
Sukkot – Laubhüttenfest	15.–21. Tischri	Wüstenwanderung
Schawuot – Wochenfest	6.–7. Siwan	Gesetzgebung am Sinai
Chanukka – Lichterfest	25. Kislew–2. Tewet	Wiedereinweihung des Tempels
Purim – Losfest	14. Adar	Errettung vor Pogrom (Buch Ester)

Für den gläubigen Juden ist der gesamte Alltag vom Gebet begleitet.

5. Beten im Judentum

• Gebet als Lebenshaltung

Für fromme Juden ist das ganze Leben Gottesdienst. Gebete sind ein Teil des Alltags. Gott zu preisen gehört zum wichtigsten Vollzug religiösen Lebens. Daher handelt es sich beim Großteil jüd. Gebete um Lob- und Dankgebete, es gibt aber auch Bitt- und Klagegebete.

Nach der Zerstörung des Tempels in Jerusalem (70 n. Chr.) ersetzt das Gebet als „Lobopfer mit den Lippen" bis heute das nicht mehr mögliche Tempelopfer. Jüdischer Gottesdienst ist ein Gebetsgottesdienst, der vor allem in der Synagoge und in der Familie stattfindet.

Gebet bedeutet im Judentum „Dienst des Herzens": Im *Sch´ma Jisrael* (Dtn 6,4–5) heißt es, dass Israel den Herrn mit „ganzem Herzen" lieben soll. Auch die Mahnung des Propheten Jesaja: „Weil dieses Volk ... mich bloß mit den Lippen ehrt, sein Herz aber fern hält von mir ..." (Jes 29,13), fordert die Einheit von Gebet und innerer Haltung.

• Form und Art der Gebete

Die Gebetssprache ist Hebräisch, einige Gebete – wie das *Kaddisch* – werden auf Aramäisch gesprochen. Grundsätzlich gibt es für das jüd. Gebet keine Einschränkungen, was Inhalt und Form betrifft. Dennoch sind die Gebete für Haus- und Synagogengottesdienst fest formuliert und im *Siddur,* dem jüd. Gebetbuch, schriftlich fixiert.

• Vorbereitung zum Gebet

Das Sprechen der Gebete ist mit Riten verbunden: Dazu bedecken die Männer ihren Kopf mit der *Kippa.* Der *Tallit* (Gebetsmantel) wird (an *Jom Kippur* auch abends) nur beim Morgengebet umgelegt; die *Tefillin* (Gebetsriemen) ebenfalls beim Morgengebet (außer am Sabbat). Die 13-Jährigen müssen zur Feier der *Bar Mizwa* (Sohn des Gesetzes) diese Vorbereitung zum Gebet erlernen und ab diesem Zeitpunkt diese Gebetsvorschriften auch einhalten.

• Jüdisches und christliches Beten

Christliche Gebete stehen in der Tradition des Judentums. Die christliche Gemeinde betet und ruft wie Juden und Jüdinnen mit biblischen Gebeten (z.B. Psalmen) Gott an. Auch andere Gebete, wie das Sanctus oder die Segenssprüche über Brot und Wein bei der Eucharistiefeier haben ihre Wurzeln im Judentum. Dennoch gibt es Unterschiede zwischen jüd. und christlichem Beten – im Ritus und auch in der Auffassung vom Menschen und

Die schaukelnden Bewegungen beim Gebet zeigen die innere Bewegtheit nach außen an.

seiner Erlösung. Die größte Differenz besteht darin, dass Gott im Christentum nicht als der EINE und Unaussprechliche, sondern als *ein* Gott in *drei* Personen angebetet wird. Für Christinnen und Christen gilt es, Unterschiede zu beachten sowie Formen und Sprache der religiösen Identität der Juden und Jüdinnen zu respektieren und nicht einfach für sich zu vereinnahmen.

5.1 Grundgebete

a) *Berachot* (Segenssprüche)

In früherer Zeit wurden beinahe alle Handlungen der frommen Juden und alle Ereignisse (Antritt einer Reise, Beginn der Arbeit, Erblicken eines Regenbogens, ...) von einer *Beracha* (Mehrzahl: *Berachot*) begleitet, die meist eingeleitet wird mit: „Gelobt seist du, Ewiger, unser Gott, der du ...“.

Beispiel: ***Gelobt seist du, Ewiger, unser Gott, Herrscher der Welt, der du uns hast Leben und Erhaltung gegeben und uns hast diese Zeit erreichen lassen.***

(Beracha beim Vernehmen einer freudigen Nachricht)

Heute werden oft noch die Segenssprüche bei Tisch gesagt, für jeden Teil der Mahlzeit gibt es eigene Berachot, z.B. „Gelobt seist du, ewiger Gott, Herrscher der Welt, der du das Brot aus der Erde hervorbringst.“ (Beracha bei einer vollen Mahlzeit)

b) *Sch´ma Jisrael* (Höre, Israel)

Das *Sch´ma Jisrael* ist das „Kerngebet“ der Juden und wird auch als das „Glaubensbekenntnis“ bezeichnet. Genau genommen ist es ein Aufruf zum Hören und zur Hingabe an Gott. Es wird in den meisten täglichen Gebeten, bei verschiedenen Gottesdiensten und auch in der Todesstunde gesprochen.

Höre, Israel! JHWH, unser Gott, JHWH ist einzig.
Darum sollst du den Herrn, deinen Gott,
lieben mit ganzem Herzen, mit ganzer Seele und mit ganzer Kraft.
Diese Worte, auf die ich dich heute verpflichte,
sollen auf deinem Herzen geschrieben stehen.
Du sollst sie deinen Söhnen wiederholen. Du sollst von ihnen reden, wenn du zu Hause sitzt und wenn du auf der Straße gehst, wenn du dich schlafen legst und wenn du aufstehst.
Du sollst sie als Zeichen um das Handgelenk binden. Sie sollen zum Schmuck auf deiner Stirn werden.
Du sollst sie auf die Türpfosten deines Hauses und in deine Stadttore schreiben.

(Dtn 6,4–9)

Die Gebetsriemen (Tefillin) halten die Gebetskapseln an der Stirn und am linken Oberarm fest.

c) *Kaddisch* (Heiligungsgebet)

Das Kaddisch ist eines der wichtigsten Gebete und wird nur bei *Minjan* (zehn erwachsene Juden – eine Anzahl, durch die eine Versammlung Gültigkeit hat) laut gesprochen. Dieses Gebet ist die Verkündigung der Heiligkeit Gottes (von *kadosch* = heilig) und nimmt auch bei den Tagesgebeten und im Gottesdienst einen zentralen Platz ein; zudem wird es zum Totengedenken gesprochen. Es beginnt mit der Bitte um Anerkennung der Heiligkeit des Namens Gottes, worauf die Bitte um das Kommen des Gottesreiches folgt (vgl. Vater unser; Mt 6,9–10), danach wird um Trost (für Zion) und um Frieden gebeten.

Es gibt drei Arten des Gebetes:

- Kaddisch der Trauernden (von Angehörigen ersten Grades im ersten Jahr und an den Jahrestagen gebetet)
- Kaddisch des Vorbeters
- Halbes Kaddisch zur Toralesung

Erhoben und geheiligt werde sein großer Name auf der Welt, die nach seinem Willen von Ihm erschaffen wurde – sein Reich erstehe in eurem Leben in euren Tagen und im Leben des ganzen Hauses Israel, schnell und in nächster Zeit, sprecht: Amen!
Sein großer Name sei gepriesen in Ewigkeit und Ewigkeit der Ewigkeiten.
Gepriesen und gerühmt, verherrlicht, erhoben, erhöht, gefeiert, hocherhoben und gepriesen sei der Name des Heiligen, gelobt sei er, hoch über jedem Lob und Gesang, jeder Verherrlichung und Trostverheißung, die je in der Welt gesprochen wurde, sprecht: Amen!
Fülle des Friedens und Leben möge vom Himmel herab uns und ganz Israel zuteil werden, sprecht Amen!
Der Frieden stiftet in seinen Himmelshöhen, er stifte Frieden unter uns und ganz Israel, sprecht Amen!

(Die Übersetzung ist zum Teil übernommen aus *Sidur Sefat Emet,* Basel 1993)

d) *Sch´mone Esre* (Achtzehnbittengebet)

Das Hauptgebet beim Morgen-, Nachmittags- und Abendgebet ist das Achtzehnbittengebet; es wird auch als das Gebet schlechthin bezeichnet.

Das *Sch´mone Esre,* das stehend gesprochen wird, enthält zentrale jüd. Glaubensinhalte. Unter anderem besteht es aus Lob- und Segenssprüchen über die Größe Gottes und aus Danksagungen. Außerdem werden persönliche Bitten um Vergebung und Verzeihung sowie

Bitten, die sich auf das ganze Volk Israel beziehen, ausgedrückt. Jede Bitte endet mit dem Lobpreis Gottes. An mehreren Stellen gibt es auffallende inhaltliche Parallelen mit dem christlichen Vaterunser.

Die heutige Form des Gebetes enthält 19 Bitten. Lange Zeit wurde vermutet, dass die zwölfte Bitte erst nach der Tempelzerstörung eingeschoben wurde. Aufgrund von älteren Textfunden wird jedoch angenommen, dass das Gebet ursprünglich aus 18 Bitten bestand; da aber nach babylonischer Tradition eine Bitte nur einen Inhalt haben darf, wurde die 14. Bitte später aufgeteilt. Die Bezeichnung des Gebetes wurde aber nicht verändert.

1. *(Die Väter) Gelobt seist du, Ewiger, unser Gott und Gott unserer Väter, Gott Abrahams, Gott Isaaks und Gott Jakobs, großer, starker und furchtbarer Gott, der du beglückende Wohltaten erweisest und Eigner des Alls bist, der du der Frömmigkeit der Väter gedenkst und einen Erlöser bringst ihren Kindeskindern um deines Namens willen in Liebe. König, Helfer, Retter und Schild! Gelobt seist du, Ewiger, Schild Abrahams!*
2. *(Gottes Macht) Du bist mächtig in Ewigkeit, Herr, belebst die Toten, du bist stark zum Helfen. Du ernährst die Lebenden mit Gnade, belebst die Toten in großem Erbarmen, stützest die Fallenden, heilst die Kranken, befreist die Gefesselten und hältst die Treue denen, die im Staube schlafen. Wer ist wie du, Herr der Allmacht, und wer gleichet dir, König, der du tötest und belebst und Heil aufsprießen lässt. Und treu bist du, die Toten wieder zu beleben. Gelobt seist du, Ewiger, der du die Toten wieder belebst!*
3. *(Heiligkeit) Du bist heilig, und dein Name ist heilig, und Heilige preisen dich jeden Tag. Sela! Gelobt seist du, Ewiger, heiliger Gott!*
4. *(Einsicht) Du begnadest den Menschen mit Erkenntnis und lehrst den Menschen Einsicht, begnade uns von dir mit Erkenntnis, Einsicht und Verstand. Gelobt seist du, Ewiger, der du mit Erkenntnis begnadest!*
5. *(Rückkehr) Führe uns zurück, unser Vater, zu deiner Lehre, und bringe uns, unser König, deinem Dienst nahe und lass uns in vollkommener Rückkehr zu dir zurückkehren. Gelobt seist du, Ewiger, der du an der Rückkehr Wohlgefallen hast!*
6. *(Vergebung) Verzeihe uns, unser Vater, denn wir haben gesündigt, vergib uns, unser König, denn wir haben gefrevelt, denn du vergibst und verzeihst. Gelobt seist du, Ewiger, der du gnädig immer wieder verzeihst!*
7. *(Erlösung) Schaue auf unser Elend, führe unseren Streit und erlöse uns rasch um deines Namens willen, denn du bist ein starker Erlöser. Gelobt seist du, Ewiger, der du Israel erlösest!*
8. *(Gesundheit und Heilung) Heile uns, Ewiger, dann sind wir geheilt, hilf uns, dann ist uns geholfen, denn du bist unser Ruhm, und bringe vollkommene Heilung allen unseren Wunden, denn Gott, König, ein bewährter und barmherziger Arzt bist du. Gelobt seist du, Ewiger, der du die Kranken deines Volkes Israel heilst!*
9. *(Segen) Segne uns, Ewiger, unser Gott, dieses Jahr und alle Arten seines Ertrages zum Guten, gib Segen der Oberfläche der Erde, sättige uns mit deinem Gute und*

Die Frauen beten ebenfalls an der Westmauer, jedoch durch eine Abgrenzung von den Männern getrennt.

segne unser Jahr wie die guten Jahre. Gelobt seist du, Ewiger, der du die Jahre segnest!

10. (Sammlung) Stoße in das große Schofar zu unserer Befreiung, erhebe das Panier, unsere Verbannten zu sammeln, und sammle uns insgesamt von den vier Enden der Erde. Gelobt seist du, Ewiger, der du die Verstoßenen deines Volkes Israel sammelst!

11. (Gericht) Bringe uns unsere Richter wieder wie früher und unsere Ratgeber wie ehedem, entferne uns von Seufzen und Klage, regiere über uns, Ewiger, allein in Gnade und Erbarmen und rechtfertige uns im Gericht. Gelobt seist du, Ewiger, König, der du Gerechtigkeit und Recht liebst!

12. (Gegen Verleumder) Den Verleumdern sei keine Hoffnung und alle Ruchlosen mögen im Augenblick untergehen, alle mögen sie rasch ausgerottet werden und die Trotzigen schnell entwurzle, zerschmettre, wirf nieder und demütige sie schnell in unseren Tagen. Gelobt seist du Ewiger, der du die Feinde zerbrichst und die Trotzigen demütigst!

13. (Die Gerechten) Über die Gerechten, über die Frommen, über die Ältesten deines Volkes, des Hauses Israel, über den Überrest ihrer Gelehrten, über die frommen Proselyten und über uns sei dein Erbarmen rege, Ewiger, unser Gott, gib guten Lohn allen, die auf deinen Namen in Wahrheit vertrauen, und gib unseren Anteil mit dem ihrigen zusammen in Ewigkeit, dass wir nicht zuschanden werden, denn auf dich vertrauen wir. Gelobt seist du, Ewiger, Stütze und Zuversicht der Frommen!

14. (Wiederaufbau Jerusalems) Nach deiner Stadt Jerusalem kehre in Erbarmen zurück, wohne in ihr, wie du gesprochen, erbaue sie bald in unseren Tagen als ewigen Bau, und Davids Thron gründe schnell in ihr. Gelobt seist du, Ewiger, der du Jerusalem erbaust!

15. (Herrschaft Davids) Den Sprössling deines Knechtes David lass rasch empor sprießen, sein Horn erhöhe durch deine Hilfe, denn auf deine Hilfe hoffen wir den ganzen Tag. Gelobt seist du, Ewiger, der das Horn der Hilfe empor sprießen lässt!

16. (Erhörung des Gebetes) Höre unsere Stimme, Ewiger, unser Gott, schone und erbarme dich über uns, nimm mit Erbarmen und Wohlgefallen unser Gebet an, denn Gott, der du Gebete und Flehen erhörst, bist du, weise uns, unser König, nicht leer von dir hinweg. Denn du erhörst das Gebet deines Volkes Israel in Erbarmen. Gelobt seist du, Ewiger, der du das Gebet erhörst!

17. (Tempeldienst) Habe Wohlgefallen, Ewiger, unser Gott, an deinem Volke Israel und ihrem Gebete und bringe den Dienst wieder in das Heiligtum deines Hauses und die Feueropfer Israels und ihr Gebet nimm in Liebe auf mit Wohlgefallen und zum Wohlgefallen sei beständig der Dienst deines Volkes Israel. Und unsere Augen mögen schauen, wenn du nach Zion zurückkehrst in Erbarmen. Gelobt seist du, Ewiger, der seine Majestät nach Zion zurückbringt!

18. (Danksagung) Wir danken dir, denn du bist der Ewige, unser Gott und der Gott unserer Väter, immer und ewig, der Fels unseres Lebens, der Schild unseres Heils bist du von Geschlecht zu Geschlecht. Wir wollen dir danken und deinen Ruhm erzählen für unser Leben, das in deine Hand gegeben, und unsere Seelen, die dir anvertraut, und deine Wunder, die uns täglich zuteil werden, und deine Wundertaten und Wohltaten zu jeder Zeit, abends, morgens und mittags. Allgütiger, dein Erbarmen ist nie zu Ende, Allbarmherziger, deine Gnade hört nie auf, von je hoffen wir auf dich. Für alles sei dein Name gepriesen und gerühmt, unser König, beständig und immer und ewig. Alle Lebenden danken dir, Sela, und rühmen deinen Namen in Wahrheit, Gott unserer Hilfe und unseres Beistandes, Sela! Gelobt seist du, Ewiger, Allgütiger ist dein Name und dir ist schön zu danken!

19. (Frieden) Verleihe Frieden, Glück und Segen, Gunst und Gnade und Erbarmen uns und ganz Israel, deinem Volke, segne uns, unser Vater, uns alle vereint durch das Licht deines Angesichts, denn im Lichte deines Angesichtes, gabst du uns, Ewiger, unser Gott, die Lehre des Lebens und die Liebe zum Guten, Heil und Segen, Barmherzigkeit, Leben und Frieden, und gut ist es in deinen Augen, dein Volk Israel zu jeder Zeit und jeder Stunde mit deinem Frieden zu segnen. Gelobt seist du, Ewiger, der du dein Volk Israel mit Frieden segnest!

(*Sidur Sefat Emet*, Jüdisches Gebetsbuch, Basel 1964, 40)

e) *Avinu Malkenu* (Vater unser, König unser)

Dieses Gebet wird von *Rosch HaSchana* bis *Jom Kippur* bei geöffnetem Toraschrein gebetet; manche Gemeinden beten es auch nach dem *Sch´mone Esre,* wenn ein Minjan vorhanden ist.

Unser Vater, unser König, wir haben gesündigt vor dir.
Unser Vater, unser König, wir haben keinen König außer dir.
Unser Vater, unser König, willfahre uns um deines Namens willen!
Unser Vater, unser König, erneuere uns ein gutes Jahr!
Unser Vater, unser König, halte fern von uns alle bösen Verhältnisse!
Unser Vater, unser König, vereitle die Gedanken unserer Hasser!
Unser Vater, unser König, zerstöre den Ratschluss unserer Feinde!
Unser Vater, unser König, halte fern von uns jeden Bedränger und Verleumder!
Unser Vater, unser König, halte fern Pest, Schwert, Hungersnot, Gefangenschaft und Verderben von den Kindern deines Bundes!
Unser Vater, unser König, halte jede Plage von deinem Erbe fern!
Unser Vater, unser König, schicke vollkommene Heilung den Kranken deines Volkes!
Unser Vater, unser König, führe uns in vollkommener Rückkehr zu dir zurück!

Unser Vater, unser König, verzeihe und vergib alle unsere Sünden!
Unser Vater, unser König, lösche aus und beseitige unsere Frevel vor deinen Augen!
Unser Vater, unser König, zerreiße das Böse des über uns verhängten Urteils!
Unser Vater, unser König, tilge in deinem großen Erbarmen alle unsere Schuldurkunden!
Unser Vater, unser König, gedenke, dass wir Staub sind!
Unser Vater, unser König, gedenke unser in Güte vor dir!
Unser Vater, unser König, schreibe uns ein im Buch glücklichen Lebens!
Unser Vater, unser König, schreibe uns ein im Buch der Verdienste!
Unser Vater, unser König, schreibe uns ein im Buch der Erhaltung und Ernährung!
Unser Vater, unser König, schreibe uns ein im Buch der Erlösung und Errettung!
Unser Vater, unser König, schreibe uns ein im Buch der Verzeihung und Vergebung!
Unser Vater, unser König, lass uns bald das Heil empor sprießen!
Unser Vater, unser König, erhebe die Macht deines Volkes Israel!
Unser Vater, unser König, erhebe die Macht deines Gesalbten!
Unser Vater, unser König, erhöre unsere Stimme, schone und erbarme dich über uns!
Unser Vater, unser König, nimm in Barmherzigkeit und Wohlgefallen unser Gebet an!
Unser Vater, unser König, lass uns nicht leer vor dir ausgehen!
Unser Vater, unser König, tue es um deretwillen, die für deinen heiligen Namen erschlagen wurden!
Unser Vater, unser König, tue es um deretwillen, die für deine Einheit hingeschlachtet wurden!
Unser Vater, unser König, tue es um deretwillen, die für die Heiligung deines Namens den Tod durch Feuer und Wasser erlitten!
Unser Vater, unser König, ahnde vor unseren Augen das vergossene Blut deiner Knechte!
Unser Vater, unser König, tue es um deinetwillen, wenn nicht um unseretwillen!
Unser Vater, unser König, tue es um deinetwillen und hilf uns!
Unser Vater, unser König, tue es um deinetwillen, tue es um deines großen Erbarmens willen!
Unser Vater, unser König, tue es um deines großen, mächtigen und furchtbaren Namens willen, der über uns genannt wird!
Unser Vater, unser König, aus Gnade erhöre uns, denn wir haben keine verdienstvollen Handlungen, erweise uns Milde und Huld und hilf uns!

f) *El Male Rachamim* (Gott voller Erbarmen)

Ursprünglich wurde das Gebet für die Opfer der Kreuzzüge gesprochen (Mittelalter). Heute gedenkt man dabei der Opfer der nationalsozialistischen Zeit. Es kann auch am Grab eines Verstorbenen und an Gedenktagen gebetet werden.

Gott voller Erbarmen, der in den Himmelshöhen thront, gewähre den Seelen der sechs Millionen Juden, den Opfern der Schoa in Europa, die durch das mörderische Naziregime und seine Gehilfen abgeschlachtet, verbrannt und umgebracht worden sind und ihr Leben für die Heiligung deines Namens geopfert haben, die verdiente Ruhe in Gottesnähe und im Kreise der Gerechten und Heiligen.

Die gesamte Gemeinde betet für ihre Seelen.
Möge Gott, der Barmherzige, sie für alle Zeiten unter seinen Schutz stellen und sie in das Band des ewigen Lebens einschließen. Bei Gott mögen sie Geborgenheit finden und im Garten Eden ihre Ruhe. Und sie werden in Frieden ruhen bis zu ihrer Auferstehung am Ende der Tage. Amen.

g) *Ani Ma´amin*

Diesem Text von *Elie Wiesel* (*1928, Friedensnobelpreisträger 1986) liegen die 13 Glaubenssätze des *Maimonides* (1135–1204) zugrunde. Das hebr. *Ani ma'amin* lässt sich mit „Ich glaube (wie)" übersetzen.

Elie Wiesel, ein amerikanischer Schriftsteller, überlebte das Konzentrationslager Buchenwald.

Ani ma´amin, Abraham.
Trotz Treblinka,
Ani ma´amin, Isaak.
Wegen Belsen,
wegen und trotz Majdanek.
Vergebens gestorben,
Sinnlos gestorben,
Ani ma´amin.
Betet Menschen,
betet zu Gott,
gegen Gott,
für Gott.
Ani ma´amin.
Ob der Messias kommt,
Ani ma´amin.
Oder ob er sich verspätet,
Ani ma´amin.
Ob Gott schweigt,
oder weint, Ani ma´amin.
Ani ma´amin für ihn,
Ihm zum Trotz.
Ich glaube an dich,
selbst wenn du mich bestrafst
für meinen Glauben an dich.
Gesegnet die Narren,
die ihren Glauben herausschreien.
Gesegnet die Narren,
die weiterhin lachen,
die über die Menschen lachen,
die über die Juden lachen,
die ihren Brüdern helfen,
indem sie wieder und wieder
und wieder singen: Ani ma´amin, Ani ma´amin, ...

Das Vaterunser weist zahlreiche Parallelen zum jüd. Kaddisch und Achtzehnbittengebot auf.

5.2 Jüdische Gebete und das Vaterunser

Wenn im Matthäusevangelium in der Mitte der so genannten „Bergpredigt“ das Vaterunser als Gebet Jesu überliefert wird (Mt 6,9-13), so geschieht das im Wissen darum, das Jesus als gläubiger Jude ganz in der Denkweise seines Volkes steht. Darum finden wir im Vaterunser viele Übereinstimmungen mit jüd. Gebeten.

Kaddisch	Vaterunser
Geheiligt werde sein machtvoller Name	Geheiligt werde dein Name.
in der Welt, die er schuf nach seinem Willen.	Dein Wille geschehe.
Sein Reich führe er herbei.	Dein Reich komme …
Er lasse sprießen	
seine Erlösung: in eurem Leben,	
in euren Tagen	
und im Leben des ganzen Hauses Israel.	

Wie hier in dem angegebenen Wunsch aus dem Kaddisch ersichtlich ist, bezieht sich das Gebet auf das „Haus Israel“ (vgl. Mt 15,24). Im Vaterunser ist keine ausdrückliche Einschränkung auf ein bestimmtes Volk mehr gegeben.

aus dem Achtzehnbittengebet	Vaterunser
Unser Vater!	Unser Vater …
Verzeih uns, unser Vater!	Vergib uns unsere Schuld,
Bringe uns zurück zu dir,	wie auch wir vergeben
und wir werden umkehren.	unseren Schuldigern …
Segne uns, Ewiger, unser Gott	
dieses Jahr und alle Arten seines Ertrages.	Gib uns heute unser tägliches Brot …
Erlöse uns rasch um deines Namens willen.	Erlöse uns von dem Bösen.

Die Anrede „Vater“ im Gebet wurde von Jesus nicht erfunden. Viele Anliegen bei den Bitten sind gleich. Dennoch besteht beim Wunsch nach „Erlösung“ eine unterschiedliche Vorstellung: Juden hoffen auf eine messianische Zeit (wobei innerhalb des Judentums die Messiasvorstellungen verschieden sind), Christen hingegen glauben daran, dass die Erlösung schon gegeben wurde.

Eine Gebetsform, in der „Vater“, „Sohn“ und „Heiliger Geist“ angebetet wird, ist im Judentum undenkbar. Bei manchen liturgischen Feiern und Gebeten hat es im Laufe der Zeit auch eine wechselseitige Beeinflussung gegeben (z.B. bei Sederabend und Eucharistie).

5.3 Gebetsgegenstände

a) *Tallit* – Gebetsmantel

Der Tallit ist ein viereckiges Tuch aus Wolle, Baumwolle, Leinen oder Seide meist mit blauen oder schwarzen Streifen. An ihm sind die Quasten/Schaufäden *(Zizit)* befestigt (vgl. Num 15,37–41).

Er wird beim täglichen Morgengebet und an bestimmten religiösen Tagen von den männlichen Juden getragen.

Neben dem großen Gebetsmantel *(Tallit gadol)* gibt es auch den „kleinen Gebetsmantel" *(Tallit qatan)*, der häufig unter der gewöhnlichen Kleidung getragen wird, um dem Gebot der Schaufäden zu genügen, die unter der Oberbekleidung zu sehen sind.

Den großen Tallit tragen gläubige Juden beim Gebet – manche bedecken damit auch den Kopf.

b) *Tefillin* – Gebetsriemen

Tefillin sind zwei schwarze Lederkapseln, die von jüd. Männern mit schwarzen Lederriemen am linken Oberarm (zum Herzen hin) und an der Stirn unter dem Sprechen eines Segensgebetes festgebunden und beim Morgengebet der Wochentage getragen werden (vgl. Dtn 6,8). Die Sitte Gebetsriemen zu tragen ist sehr alt. Auch im Neuen Testament (vgl. Mt 23,5) werden sie erwähnt und bei einem Fund in Qumran enthielten die Kapseln auch den Dekalog (das Zehnwort).

Die Gebetsriemen enthalten folgende vier auf Pergament geschriebene Bibelabschnitte mit dem Leitmotiv „Gedächtnis":

Ex 13,1–10	Heiligung der Erstgeburt und Fest der ungesäuerten Brote
Ex 13,11–16	Auszug aus Ägypten
Dtn 6,4–9	Liebe deinen einzigartigen Gott und folge seinen Weisungen
Dtn 11,13–21	... dann geht es dir gut; gib die Weisung deinem Sohn weiter!

c) *Zizit* – Schaufäden

Nach biblischer Anordnung werden am Tallit die Schaufäden angebracht (vgl. Num 15,37–41; Dtn 22,12). An diese Quasten ist auch eine violette Purpurschnur angebracht (manchmal auch blau oder indigo); in den meisten Gruppierungen sind die Schaufäden heutzutage ganz weiß.

Die Schaufäden sollen an die Gebote Gottes erinnern und daran, dass Gott sein Volk aus der Gefangenschaft geführt hat.

Der numerische Wert der Buchstaben des hebr. Wortes *Zizit* (Mehrzahl: *Zizijot)*

Die Mesusa ist eine Kapsel mit Schrifttexten, angebracht am rechten Türpfosten eines jüd. Hauses.

beträgt 600, wenn man 5 addiert (die Anzahl der Doppelknoten) und 8 (die Zahl der Fadenenden), ergibt sich daraus die Summe von 613, die Anzahl der Gebote in der Tora nach der traditionellen Zählung (248 Gebote und 365 Verbote).

Wenn ein gläubiger Jude stirbt und mit seinem Tallit bestattet wird, schneidet man jene Zizit, welche die vier Knoten für den Gottesnamen enthält, ab. Andere Traditionen entfernen alle Zizijot.

d) *Kippa* – Kopfbedeckung

Als Ausdruck der Ehrfurcht vor Gott tragen Juden in der Synagoge und teilweise auch außerhalb immer eine Kopfbedeckung. Bei Frauen ist das Bedecken des Kopfes bereits seit der Antike üblich; bei Männern setzte sich die Kopfbedeckung erst später und vorerst zögerlich durch.

Das Bedecken des Kopfes beim Gebet kann auch mit dem großen Gebetsmantel (Tallit) geschehen. Die Kippa ist (vor allem im heutigen Staat Israel) zum Zeichen für den gläubigen Juden und der Zugehörigkeit zum Staat Israel geworden und wird meist den ganzen Tag getragen.

e) *Mesusa* (wörtlich: Türpfosten)

Als Mesusa bezeichnet man eine Perga-mentrolle in einer (oft verzierten) länglichen Kapsel, die schräg am rechten Türpfosten eines jüd. Hauses bzw. am Wohnungseingang befestigt wird. Die Anbringung geschieht meist in einem festlichen Rahmen durch einen Rabbiner. Die Pergamentrolle enthält das *Sch´ma Jisrael* (= Höre, Israel) und Abschnitte über die Auswirkung dieses Glaubens (Dtn 6,4–9 und 11,13–21). Auch diese Papierröllchen werden – wie die Tora selbst – von ausgebildeten Schreibern geschrieben.

Die biblische Wurzel für das Anbringen einer Mesusa geht auf eine Anordnung des Buches Deuteronomium zurück: „Diese Worte, auf die ich dich heute verpflichte, sollen auf deinem Herzen geschrieben stehen ... Du sollst sie auf die Türpfosten deines Hauses und in deine Stadttore schreiben.“ (Dtn 6,6.9)

Der gläubige Jude berührt, wenn er ein Haus oder ein Zimmer betritt, die Mesusa und spricht dabei eine *Beracha* (Segensspruch). Bei orthodoxen Juden ist es Vorschrift, beim Betreten des Raumes die Mesusa mit zwei Fingern der rechten Hand zu berühren und dann diese Finger zu küssen.

Die ältesten Fragmente einer Mesusarolle stammen aus Qumran.

5.4 Synagoge

Die Synagoge (hebr. *Bet HaKnesset* = Haus der Versammlung) spielt als Ort des Versammelns, des Hörens, des Lernens (Synagogen werden manchmal auch Schule/ Lehrhaus genannt) und des Gebetes eine zentrale Rolle im jüd. Leben. Der Gottesdienst in der Synagoge ist ein Wortgottesdienst von Laien (Tora, Propheten, Deutung, Gebete).

An der Wand in Richtung Jerusalem steht (meist in einer Nische) der Toraschrein *(Aron HaKodesch),* in dem sich die handgeschriebenen (!) Torarollen befinden, davor brennt ein ewiges Licht *(Ner Tamid).*

Im Raum befindet sich ein Podest für den *Chasan* (Vorbeter und Kantor) und eine Erhöhung mit dem Lesepult *(Bima),* von wo aus der Vorleser den jeweiligen Toraabschnitt vorträgt. Männer und Frauen nehmen in orthodoxen und konservativen Synagogen getrennt Platz; Frauen auf einer Galerie oder hinter einem Gitter bzw. einem Vorhang (Frauen nehmen nicht an der Gestaltung des Gottesdienstes teil). Damit ein Gottesdienst in vollem Umfang gefeiert werden kann, muss mindestens ein *Minjan* (= zehn religionsmündige Männer) versammelt sein. In liberalen Synagogen (Reformjudentum) gibt es keine Geschlechtertrennung.

Die Synagoge ist sowohl eine Stätte des Gebetes als auch ein Ort des Lernens.

5.5 *Mikwe* – Tauchbad

Reinheitsgesetze regeln das tägliche Leben im Judentum (vgl. Lev 11–15 und Vorschriften im Talmud).

Der Name *Mikwe* bezeichnet sowohl das Gebäude als auch das Tauchbad selbst, durch welches die rituelle Reinheit (wieder) erworben wird. Daher muss in einer Mikwe reinstes, lebendiges Wasser fließen.

In einer Mikwe erlangen (vor allem orthodoxe) Juden ihre für den Kult notwendige Reinheit.

Waschungen sind je nach Tradition bei verschiedenen Anlässen nötig (z.B. bei der Eheschließung, nach der Menstruation, am Sabbatbeginn). Im Reformjudentum hat die Mikwe keine Bedeutung mehr.

Am Titusbogen (Forum Romanum, Rom) erkennt man deutlich den Siegeszug der Römer mit der Menora.

6. Weitere Gegenstände und Symbole

Viele Gegenstände für die Feier des Sabbats und einzelner Feste sowie verschiedene Gegenstände und Einrichtungen für das Gebet, z.B. der Toraschrein, wurden bereits oben vorgestellt. Weitere Gegenstände und Symbole werden im Folgenden behandelt.

6.1 Menora (siebenarmiger Leuchter)

Der siebenarmige Leuchter, welcher aus einem Stück Gold geschmiedet war, wurde mit heiligem Öl befüllt und stand im „Heiligen" des Tempels von Jerusalem (vgl. Ex 25,31–36; 37,17–24). Mit der Zerstörung des Tempels (70 n. Chr.) ist er verschwunden. Seither wird die Menora im Gottesdienst nicht mehr verwendet. Die Darstellung des Leuchters hingegen wurde in der Neuzeit zu einem der am häufigsten verwendeten jüd. Motive. Die berühmteste Abbildung findet sich auf dem Titusbogen in Rom.

Eine große Menora (der Darstellung auf dem Titusbogen in Rom folgend) steht heute vor der *Knesset,* dem israelischen Parlament, und ist als Symbol für Licht und Frieden offizielles Emblem des Staates Israel. Auf dieser großen Menora sind einerseits biblische Szenen, andererseits wichtige Szenen aus der jüd. Geschichte dargestellt.

Als älteste bekannte Abbildungen der Tempelmenora (neben der Darstellung am Titusbogen) gelten Steinfragmente mit einer Menora aus herodianischer Zeit (Herodes der Große; 37–4 v. Chr.) und eine Münze mit einer Menora, die in einer Inschrift den Namen des jüd. Königs Mattatias Antigonus II. (40–37 v. Chr.) trägt.

Im Buch Sacharja wird der siebenarmige Leuchter in der Vision von den beiden Gesalbten als Gegenwart Gottes auf der ganzen Erde gedeutet (Sach 4,1–14).

6.2 Jad (Zeigestab)

Der Jad ist ein ca. 15–20 cm langer Zeigestab (meist aus Silber), der an der Spitze die Form einer Hand mit ausgestrecktem Zeigefinger hat. Dem Vorleser kann damit die vorzutragende Stelle angegeben werden.

Manche Gelehrte deuten diesen Brauch als Ehrfurcht vor der Tora, die nicht mit Händen berührt werden darf. Durch die Verwendung des Jad wird auch die Gefahr der Verunreinigung der handgeschriebenen Tora vermieden, denn die Worte müssen klar zu lesen sein.

Der erste (sehr kunstvoll gestaltete) Jad wurde wahrscheinlich im 16. Jahrhundert in Deutschland hergestellt.

6.3 Religiöse Gegenstände für jüdische Feste

a) *Schofar* (Widderhorn)

Als *Schofar* bezeichnet man das ausgehöhlte Horn eines Widders oder einer Antilope, das in biblischer Zeit als Signalinstrument im Krieg oder bei Gefahr sowie im Tempeldienst verwendet wurde. Vom Tempelritus wurde er dann in den Synagogenritus übernommen.

Der Schofar, ein ausgehöhltes Widderhorn, wird auch heute noch an bestimmten jüd. Festtagen bis heute geblasen.

In der Tradition ist der Schofar mit der Vorstellung des Gerichts verbunden. Durch seine Form (gebogen und verdreht) soll er gläubige Jüdinnen und Juden daran erinnern, dass sie vor dem Gericht die Knie beugen, den Kopf senken und sich bücken müssen. Die jüd. Tradition beruft sich darauf, dass aus dem Opfer des Abraham (= der „Opferung Isaaks“) in Gen 22 durch das Eingreifen des Engels die „Nichtopferung Isaaks“ bzw. „Israels“ wurde. An die Stelle Isaaks trat ein Widder.

Der Schofar wird am Versöhnungstag *(Jom Kippur)* und zum Neujahrsfest *(Rosch HaSchana)* geblasen, außer das Neujahrsfest fällt mit einem Sabbat zusammen; dann wird das Schofarblasen durch ein einfaches Gedenken daran ersetzt. Auch im Monat Elul, eine „Bußzeit“, erklingt der Schofar, um die Menschen zu erinnern, dass der König (Gott) vor dem Zelt und vor seinem Palast unterwegs ist, um die Taten der Menschen anzusehen.

Den Schofarbläser bestimmt die Gemeinde; grundsätzlich darf jedes Gemeindemitglied den Schofar blasen.

b) *Chanukkaleuchter*

Dieser Leuchter hat im Unterschied zur siebenarmigen Menora neun Arme, wobei an acht Tagen jeweils ein Licht mehr entzündet wird und das neunte Licht als Diener *(Schammasch)* fungiert, von dem aus die anderen entfacht werden. Der Chanukkaleuchter darf zu keinen Nutzzwecken (wie Beleuchtung zur Arbeit oder Lesen) dienen. Er ist das Festsymbol für das Chanukkafest, das Fest der Wiedereinweihung des Tempels am 25. Kislew 3595 (vgl. 1 Makk 4,36–59).

Nach einer talmudischen Legende fanden die Makkabäer bei der Reinigung des entweihten Tempels 164 v. Chr. ein einziges Fläschchen mit kultisch reinem Öl für die Menora, das eigentlich nur für einen Tag gereicht hätte. Doch wie durch ein Wunder brannte dieses Öl acht Tage lang. Zur Erinnerung daran feiert man heute ein achttägiges Lichterfest, das in die Zeit vor oder um Weihnachten fällt und oft mit Geschenken begangen wird.

Beinahe jede gläubige jüd. Familie besitzt eine eigene Esterrolle, die meist bunt illustriert ist.

c) *Megilla* (Esterrolle)

Am Vorabend des Purimfestes und am folgenden Morgen wird in allen Synagogen das Buch Ester (Esterrolle) verlesen. Bei diesem Fest sind Männer und Frauen verpflichtet, das Verlesen der *Ester-Megilla* zu hören. Auch die Kinder sollen angehalten werden, in der Synagoge dieser Pflicht nachzukommen, denn es geht um die Erinnerung an die Errettung des jüd. Volkes in der Perserzeit aus der Verfolgung durch den Bösewicht Haman.

Da eine Esterrolle (aufgrund des geringen Textumfanges) wesentlich kleiner und daher auch billiger ist als eine Torarolle, besitzt fast jede jüd. Familie eine Esterrolle. Diese ist meist mit Illustrationen versehen (im Unterschied zu den Toratexten).

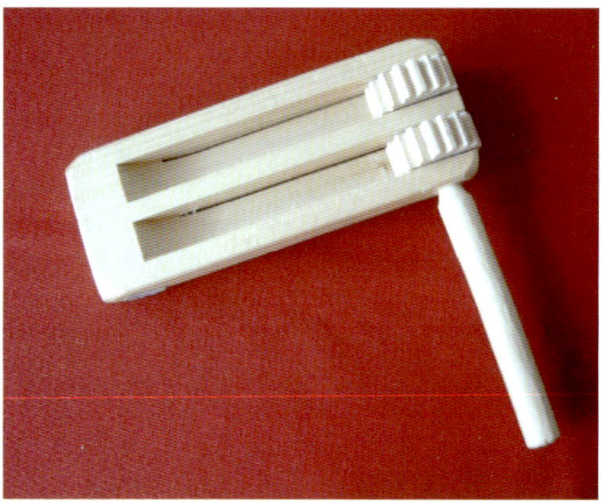

Bei der Verlesung der Esterrolle dürfen Kinder bei der Erwähnung von „Haman“ mit Ratschen lärmen.

d) *Purimratsche*

Kinder bekommen beim Purimfest Ratschen oder Rasseln. Beim Verlesen der Esterrolle – sie wird bei diesem Fest zweimal vorgelesen – dürfen die Kinder jedes Mal, wenn der Name des Bösewichtes Haman fällt, mit den Ratschen und Rasseln Lärm machen. Wenn die Kinder lärmen, muss der Vortragende warten, bis es wieder ruhig geworden ist, damit kein Wort der Schrift verloren geht.

e) *Davidstern*

Der Davidstern *(Magén David)* ist heute das bekannteste Symbol des Judentums und besteht aus zwei ineinander geschobenen, gleichseitigen Dreiecken. Er wurde erst sehr spät zu einem jüd. Symbol, bildet jedoch heute die Mitte der Fahne des Staates Israel. In vielen Büchern über das Judentum sucht man vergebens nach dem Begriff „Davidstern“.

Der Davidstern hat keinen Bezug zum historischen König David. (Der Stern im Glasfenster Marc Chagalls zum Stamm Levi in *der Hadassaklinik* in Jerusalem ist ein Anachronismus, d.h. er passt nicht in die dargestellte Zeit, denn in der Zeit des Ersten Testaments war der Davidstern noch nicht bekannt; außerdem kommt David nicht aus dem Stamm Levi, sondern aus dem Stamm Juda.)

In der Antike war der sechszackige Stern, das Hexagramm, ein Ornament, ein Schmuckelement in der Mosaikkunst. Die vermutlich älteste jüd. Darstellung des sechszackigen Sterns wurde in Kafarnaum gefunden – neben einem fünfzackigen Stern. Das weist auf die wahrscheinliche Herkunft des Davidsterns aus dem persischen Raum hin. Vereinzelt sind aus dem frühen Mittelalter jüd. Grabsteine (z.B. in Italien) mit dem Symbol des *Magén David* bekannt.

In der jüd. Mystik, *der Kabbala,* wurden ab dem 14. Jahrhundert die Begriffe „Schild Davids", „Schild Salomos" abwechselnd mit „Stern Davids" in der Diskussion über Magie verwendet. Später standen die zwei ineinander geschobenen Dreiecke für Geist und Materie, die sechs Zacken jeweils für Schöpfung, Offenbarung, Erlösung – Gott, Welt, Menschheit. Der volkstümliche Aberglaube gebrauchte dieses Zeichen als Schutz vor bösen, schädigenden Kräften.

Der ursprünglich nicht aus dem Judentum stammende Davidstern ist ein typisch jüd. Symbol geworden.

Im 17. Jahrhundert findet sich der Davidstern im Siegel der Prager Gemeinde, auf gedruckten Gebetbüchern und auf Grenzsteinen. Er ist zu einem typisch jüd. Symbol geworden – ab 1897 ist er das zentrale Motiv der Zionistischen Bewegung.

Seit dem Beginn der Kreuzzüge mussten sich die Juden kennzeichnen. Mittel dazu waren: der Judenhut, der Judenfleck, der Judenstern, das Leben in Ghettos. Unter dem Naziregime wurde der gelbe Stern zur Besiegelung des Todesurteils für sechs Millionen Juden. „Unter diesem Zeichen wurden die Juden ermordet, und unter diesem gleichen Zeichen, das würdig geworden ist, den Weg zum Leben und zum Aufbau zu erleuchten, sind sie nach Israel gekommen. Denn gerade dort, wo das Zeichen seine letzte Erniedrigung erfuhr, gewann es seine Größe." *(Gershom Scholem)*

Die hebräische Bibel und weitere Schriften

katholisch (46)	**evangelisch** (39)	**jüdisch** (24)	
Genesis	1 Mose	Genesis	
Exodus	2 Mose	Exodus	
Levitikus	3 Mose	Levitikus	Tora
Numeri	4 Mose	Numeri	
Deuteronomium	5 Mose	Deuteronomium	
Josua	Josua	Josua	
Richter	Richter	Richter	
Rut	Rut		
1 Samuel	1 Samuel	1 Samuel	vordere
2 Samuel	2 Samuel	2 Samuel	
1 Könige	1 Könige	1 Könige	
2 Könige	2 Könige	2 Könige	
1 Chronik	1 Chronik		
2 Chronik	2 Chronik	Jesaja	
Esra	Esra	Jeremia	
Nehemia	Nehemia	Ezechiel	Propheten
Tobit			
Judit		Hosea	
Ester	Ester	Joël	
1 Makkabäer		Amos	
2 Makkabäer		Obadja	hintere
		Jona	
Ijob	Hiob	Micha	Zwölfprophetenbuch
Psalmen	Psalmen	Nahum	
Sprichwörter	Sprüche	Habakuk	
Kohelet	Prediger	Zefanja	
Hohelied	Hohelied	Haggai	
Weisheit		Sacharja	
Jesus Sirach		Maleachi	
Jesaja	Jesaja	Psalmen	
Jeremia	Jeremia	Ijob	
Klagelieder	Klagelieder	Sprüche	
Baruch			
Ezechiel	Hesekiel	Rut	
Daniel	Daniel	Hohelied	
		Kohelet/Prediger	Festrollen
Hosea	Hosea	Klagelieder	Schriften
Joël	Joël	Esther	
Amos	Amos		
Obadja	Obadja	Daniel	
Jona	Jona	Esra	
Micha	Micha	Nehemia	
Nahum	Nahum	1 Chronik	
Habakuk	Habakuk	2 Chronik	
Zefanja	Zefanja		
Haggai	Haggai		
Sacharja	Sacharja		
Maleachi	Maleachi		

Der unterschiedliche Umfang und die verschiedene Anordnung der einzelnen Bücher innerhalb des atl. **Kanons**.

7. Die Hebräische Bibel und weitere Schriften

Die Heilige Schrift des Judentums (nach den Anfangsbuchstaben der drei Teile oft TeNaK genannt) wird seit der Synode von Jabne (= Jamnia; 130 n. Chr.) in drei Teile gegliedert. Der Reihenfolge entsprechend kommt diesen auch eine abgestufte Autorität zu.

Tora (Pentateuch – fünf Bücher Mose)
Nebiim (Prophetenbücher)
Ketubim (Schriften)

Die Torarolle enthält die fünf Bücher Mose und ist die wichtigste Schrift des Judentums.

7.1 Tora

Die Tora ist *die* maßgebliche Schrift des Judentums; sie besteht aus fünf Büchern (im Christentum die fünf *Bücher Mose;* griech. *Pentateuch)*, die im Hebräischen nach dem Anfangswort des jeweiligen Buches benannt sind:

Bereschit	*Im Anfang* schuf ...	Genesis (1. Buch Mose)
Schemot	Dies sind *die Namen* ...	Exodus (2. Buch Mose)
Wajikra	*Und es rief* JHWH ...	Levitikus (3. Buch Mose)
BeMidbar	Und es redete JHWH *in der Wüste* ...	Numeri (4. Buch Mose)
Devarim	Dies sind *die Worte* ...	Deuteronomium (5. Buch Mose)

In der jüd. Tradition heißt es, insgesamt fänden sich 613 Vorschriften *(Mitzwot)* in der Tora: 248 Gebote und 365 Verbote. Beide Zahlen sind Zahlen der Vollkommenheit: 248 symbolisiert die Zahl der Knochen im menschlichen Körper, 365 die Zahl der Tage im Jahr.

Im Laufe eines Jahres (beginnend und endend an *Simchat Tora*) wird die Tora in 54 Abschnitten (hebr. *Parascha* oder *Sidra)* vorgetragen.

In Dtn 31,12 wird zur öffentlichen Schriftlesung aufgefordert, denn alle sollen die Bestimmungen Gottes achten und seine Weisungen einhalten.

Die Tora wird auch in ihrer äußeren Form verehrt und nicht nur aufgrund ihres Inhalts. Beschädigte und nicht mehr verwendete Torarollen werden meist in einem Nebenraum der Synagoge *(Geniza)* rituell bestattet.

In ihrer Gestalt als Pergamentrolle auf zwei Stäben ist die Synagogenrolle der Stolz einer jüd. Gemeinde. Für das persönliche Lesen der Tora entstand seit dem Mittelalter auch das gebundene Buch, der Codex.

Torarollen werden auch heute noch von ausgebildeten Schreibern mit der Hand geschrieben. Dabei sind genaue Regeln zu beachten: Nur poetische Stücke (z.B. Ex 15;

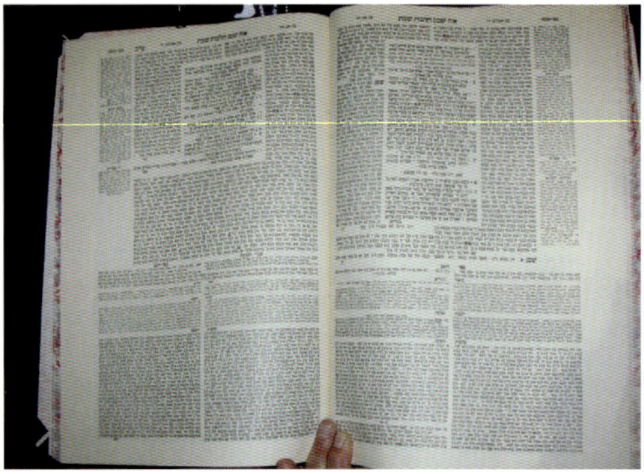

Der Talmud ist eine Sammlung verschiedenster, auch voneinander abweichender rabbinischer Schriftauslegungen.

Dtn 32) werden in Versen angeordnet, das Hinzufügen von Verweisen, Kommentaren oder gar Bildern ist verboten und die Verehrung durch Verzierungen, Gold und Edelsteine beschränkt sich auf die Lade und den Schrein bzw. auf die Hülle, in der die Tora aufbewahrt wird.

Diese exakten Schreibregeln sichern von jeher die Genauigkeit beim Abschreiben der Tora und erklären, warum sich der Text über zweitausend Jahre nicht verändert hat (wie z.B. die Textfunde aus Qumran belegen).

7.2 Talmud

Nicht nur die Tora, sondern auch die mündliche Überlieferung ist Bestandteil der Offenbarung am Sinai. Der Talmud (hebr. lernen, lehren, Studium) ist aber kein Gesetzbuch, sondern vielmehr eine Art „Protokoll“ über Glaubensdiskussionen, die sich über Jahrhunderte hinzogen. Fast zu jedem Thema gibt es abweichende Meinungen, verschiedene Auslegungen, die bis ins Kleinste begründet werden. Aufgrund der Eigenart talmudischen Denkens ist es möglich, zu ganz unterschiedlichen Entscheidungen für dasselbe Problem zu kommen.

Die Entstehungszeit des Talmud reicht vom 1. Jahrhundert v. Chr. bis ins 6. Jahrhundert n. Chr. Insbesondere nach der Zerstörung des Tempels (70 n. Chr.) bestand die Gefahr, dass Zusammenhalt und Überlieferung der Juden verloren gehen könnten. Dies war auch mit ein Grund, warum die bis dahin mündlich weitergegebene Lehre schriftlich gesichert wurde.

Der Talmud ist bis heute die Quelle der Religionslehre für orthodoxes und konservatives Judentum. Auch das Reformjudentum versucht, seine „liberalere“ Auslegung der religiösen Praxis talmudisch zu rechtfertigen.

Das „Lernen“ nimmt im Judentum eine zentrale Stellung ein. Gemeint ist die Beschäftigung mit der Tora, aber nicht im Sinn des Aneignens von immer schon Gewusstem, sondern im Sinn von Widerspruch und Weitertreiben der Lehre. Auch wenn rabbinische Diskussionen aufgezeichnet und studiert werden, muss doch jede Generation ihre Antworten neu finden. Die Idee einer „abgeschlossenen Lehre“ oder ein „Lehramt“ gibt es nicht.

Beim Talmud handelt es sich um eine Zusammenfassung der Tradition der wichtigsten rabbinischen Schulen des ersten Jahrtausends, die aus zwei Teilen besteht, der *Mischna* und der *Gemara*.

a) *Mischna* (hebr. Wiederholung)

Die Mischna ist eine Sammlung von religionsgesetzlichen Vorschriften, die Anfang des 3. Jahrhunderts in Jerusalem schriftlich festgelegt wurde. Sie besteht aus sechs Ordnungen und bestimmt in 63 Lehrabschnitten Leben, Handeln und Denken für fromme Juden.

b) *Gemara* (aram. Vollendung)

Im Laufe der Zeit musste auch die Mischna ausgelegt werden. Diese Erörterungen über Mischna-Abschnitte bilden die Gemara. Vor allem sind rabbinische Diskussionen dargestellt, die teilweise zu Entscheidungen führten, teilweise aber offen blieben. Diese Kommentare, die Gemara, „vollenden" den Talmud. Der *Jerusalemer Talmud,* der die rabbinischen Diskussionen des palästinischen Raumes beinhaltet, wurde bereits zu Beginn des 5. Jahrhunderts n. Chr. abgeschlossen.

Besonders die orthodoxen Juden beschäftigen sich intensiv mit den Schriften des Judentums.

Bis ins 6. Jahrhundert n. Chr. hinein entwickelte sich der *Babylonische Talmud,* in den auch die rabbinischen Erörterungen aus der Diaspora (nicht in Jerusalem wohnende Judengemeinden) einflossen. Der *Babylonische Talmud* ist viel ausführlicher und für die Lehrentscheidungen späterer Zeiten wichtiger.

c) *Halacha* (hebr. der zu gehende Weg) und *Haggada* (aram. Erzählung)

Halacha und Haggada sind die literarischen Gattungen des Talmud. Der Weg eines Juden wird im Talmud verschieden dargestellt. Man unterscheidet zwischen dem „rechtlichen" Teil, der *Halacha,* und dem „erzählenden", der *Haggada.* Zur Halacha gehören Talmud-Sätze, die für das Leben verbindliche Angaben machen. Die Erzählungen der Haggada enthalten Anekdoten, Legenden, Gleichnisse usw. Innerhalb des Talmud greifen Halacha und Haggada ineinander. Verbindliches Gesetz ist jedoch nur die Halacha.

d) *Midrasch* (hebr. Auslegung)

Die schriftliche Tätigkeit der rabbinischen Gelehrten hörte mit dem Abschluss der Abfassung des Babylonischen Talmuds nicht auf. Daher sind neben dem Talmud rabbinische Kommentare zur Bibel, die unter dem Begriff *Midrasch* (Mehrzahl: *Midraschim)* zusammengefasst sind, von Bedeutung. Im Midrasch wird die rabbinische Lehre aus dem biblischen Text herausgelesen, manchmal auch in ihn hineingelegt. Midraschim entstanden schon in talmudischer Zeit, die großen Sammlungen der Midrasch-Literatur wurden im 9. und 10. Jahrhundert n. Chr. niedergeschrieben. Daneben entstanden vor allem im Hochmittelalter jüd. Bibelkommentare, die große Bedeutung erlangten.

Exkurs: Christentum und der Talmud

Im Neuen Testament ist oft eine dem Talmud ähnliche Argumentation zu finden, z.B. in Jesu Auslegung des Scheidungsverbotes (vgl. Mt 19; Mk 10). Einerseits enthält der Talmud auch polemische Stellen gegen das Christentum, was durch seine Entstehungszeit in den ersten nachchristlichen Jahrhunderten verständlich ist. Andererseits wurden diese Sätze oft aus dem Zusammenhang gerissen – von christlicher Seite zu antijüdischer Argumentation verwendet. Heute achten Christen den Talmud nicht nur als gültige Quelle des Judentums, sondern können durch die Beschäftigung mit dem Talmud auch selbst tieferes Verständnis der Lehren und Absichten Jesu, der Jude war, erlangen.

7.3 Die 13 Glaubenssätze des Judentums von *Maimonides*

Der berühmte jüd. Gelehrte *Rabbi Mosche ben Maimon* (Maimonides, RaMBaM; 1135–1204) hat als Entfaltung des *Sch´ma Jisrael* „13 Grundsätze" des Glaubens formuliert, die bis heute für orthodoxe Juden maßgeblich sind, aber auch von Beginn an umstritten waren:

1. Ich glaube mit ganzem Glauben, dass der Schöpfer, gelobt sei sein Name, jegliche Kreatur schafft und lenkt und dass er allein der Urheber alles dessen ist, was geschah, geschieht und geschehen wird.
2. Ich glaube mit ganzem Glauben, dass der Schöpfer, gelobt sei sein Name, einzig ist und dass es keine Einheit seinesgleichen gibt, in keinerlei Hinsicht, und dass er allein unser Gott war, ist und sein wird.
3. Ich glaube mit ganzem Glauben, dass der Schöpfer, gelobt sei sein Name, unkörperlich ist und frei von jeder Möglichkeit, materiell vorgestellt zu werden; und dass ihm auch keine Gestalt beigelegt werden kann.
4. Ich glaube mit ganzem Glauben, dass der Schöpfer, gelobt sei sein Name, Anfang und Ende ist.
5. Ich glaube mit ganzem Glauben, dass der Schöpfer, gelobt sei sein Name, allein es ist, dem Anbetung gebührt, und dass es ungebührlich ist, außer ihm ein Wesen anzubeten.
6. Ich glaube mit ganzem Glauben, dass die Worte der Propheten alle wahrhaftig sind.
7. Ich glaube mit ganzem Glauben, dass die Kündung unseres Lehrers Mose, Friede ihm, die Wahrheit und dass er von allen Propheten, früheren wie späteren, der Vater war.
8. Ich glaube mit ganzem Glauben, dass diese Tora, wie wir sie jetzt besitzen, die gleiche ist, die unserem Lehrer Mose übergeben wurde.
9. Ich glaube in ganzem Glauben, dass diese Tora unverwechselbar ist und dass es nie eine andere Lehre vom Schöpfer her, gelobt sei sein Name, geben wird.
10. Ich glaube mit ganzem Glauben, dass der Schöpfer, gelobt sei sein Name, alles Tun und jegliches Trachten der Menschen kennt, wie es heißt: Er, der ihre Herzen ganz und gar gebildet, Er weiß auch all ihr Tun.
11. Ich glaube mit ganzem Glauben, dass der Schöpfer, gelobt sei sein Name, wohl vergilt all denen, die seine Gebote erfüllen, und übel tut denen, die seine Gebote brechen.
12. Ich glaube mit ganzem Glauben, dass der Messias kommt, und ungeachtet seines langen Ausbleibens erwarte ich täglich seine Ankunft.
13. Ich glaube mit ganzem Glauben, dass einst zu seiner Zeit, wenn es dem Schöpfer, gelobt sei sein Name und erhoben sein Gedenken immer und ewig, wohl gefällt, die Toten auferstehen werden.

(*Leo Hirsch,* Jüdische Glaubenswelt, Basel 1978; *Sidur Sefat Emet,* Basel 1993)

7.4 Qumran und die ältesten Handschriften der Hebräischen Bibel

In den Höhlen von Qumran fand man insgesamt ca. 800 verschiedene Handschriften.

Im Jahr 1947 entdeckten (der Legende nach beim Suchen eines Schafes) zwei Beduinenjungen in einer Höhle am Toten Meer einen Krug mit alten Schriftstücken. Es sollte sich bald herausstellen, dass die beiden den aufregendsten Handschriftenfund des Jahrhunderts gemacht hatten. Man fand bis 1956 noch in zehn weiteren Höhlen Tonkrüge, die Schriftrollen enthielten. Dabei kamen etwa 800 Handschriften oder deren Überreste zum Vorschein. Von den meisten Handschriften gab es nur eine Unmenge von kleinen und kleinsten Bruchstücken, einige Zehntausend, teilweise in Briefmarkengröße und kleiner. Ihre Entzifferung und Zusammensetzung erforderte unendliche Geduld.

Bald löste sich auch das Rätsel, woher diese Schriften stammen: Zur Zeit Jesu existierte in Qumran auf einer Terrasse über dem Toten Meer eine Siedlung. Die Bewohner dieser Siedlung von Qumran waren mit größter Wahrscheinlichkeit Essener. Die Gruppe der Essener war in der Zeit des Widerstandes gegen die syrisch-griechischen Herrscher des 2. Jahrhunderts v. Chr. entstanden. Ihr Gründer wird in den Qumranschriften „Lehrer der Gerechtigkeit“ genannt.

Bevor die Römer die Siedlung in Qumran zerstörten (68 n. Chr.), packten die Bewohner ihre wertvolle Bibliothek in Tonkrüge und brachten sie in den umliegenden Höhlen in Sicherheit, in der Hoffnung, sie irgendwann zurückholen zu können. Aber erst 1947 wurden die Schriftrollen zufällig entdeckt. Die Schriftrollen stammen nicht allein von der Gemeinschaft in Qumran (da manche schon vor der Entstehung Qumrans geschrieben wurden), sondern auch von einer oder mehreren anderen religiösen Gruppierungen, die nicht dort lebten. Sie wurden nur dorthin ins Versteck gebracht.

Die Funde von Qumran sind von enormer Bedeutung, denn man fand in den Höhlen auch Abschriften der hebr. Bücher des „Alten Testaments“, manche nur mehr in Bruchstücken. Von großem Gewinn war eine Rolle mit dem vollständigen Text des Jesajabuches. Auf diese Weise wurde in der handschriftlichen Überlieferung der Hebräischen Bibel eine Lücke von fast tausend Jahren geschlossen. Die älteste bis zu diesem Zeitpunkt verfügbare Handschrift mit dem hebr. Text des Jesajabuches stammte aus dem 10. Jahrhundert n. Chr.; seit dem Fund von Qumran liegt nun aber eine Handschrift mit dem Text aus dem 1. Jahrhundert v. Chr. vor. Ein Vergleich der beiden Handschriften hat keine nennenswerten Abweichungen erkennen lassen und das Vertrauen in die Zuverlässigkeit der Textüberlieferung des Alten Testaments gestärkt. Das trifft aber nicht für alle anderen in Qumran gefundenen hebr. Handschriften in gleicher Weise zu. Offenbar war der Text mancher alttestamentlicher Bücher im 1. Jahrhundert v. Chr. noch in Bewegung. Auf jeden Fall helfen die in Qumran aufgefundenen alttestamentlichen Texte zu einer besseren Kenntnis der Textgeschichte des Alten Testaments.

Die Stängel der Papyruspflanze sind Ausgangsprodukt für das antike Schreibmaterial des Papyrus.

Viele antike Texte wurden auf Papyrus geschrieben (in Buch- oder Rollenform).

Exkurs: Papyrus

Papyrus ist eine vor allem in Ägypten weit verbreitete, heute fast ausgestorbene Schilfpflanze, deren Mark zur Herstellung von Schreibmaterial dient. Das mit Text beschriebene Material heißt ebenfalls Papyrus (Mehrzahl: *Papyri)*.

Zur Herstellung des Schreibmaterials wurden die Papyrusstreifen gekreuzt übereinander gelegt, gepresst und getrocknet. Dieses Material war zwar billiger als das Pergament, von dem es allmählich abgelöst wurde, hatte aber den Nachteil, schneller brüchig zu werden. Daher sind von den unzähligen Papyri biblischer Texte meist nur kleine Reststücke ehemals längerer Rollen oder dicker Codizes (übereinander gelegte Blätter = Vorform des Buches) erhalten. Auch die ältesten neutestamentlichen Handschriften sind Papyrusfragmente, die alle aus Codizes stammen.

Der älteste neutestamentliche Papyrus in griechischer Sprache ist der *Papyrus Rylands* (P^{52}) – benannt nach seinem Aufbewahrungsort in der *Rylands Library* in Manchester. Er ist der Überrest eines Codex, der um 130 n. Chr. geschrieben wurde; auf seiner Vorderseite steht der Text von Joh 18,31–33, auf seiner Rückseite jener von Joh 18,37–38.

7.5 Hebräische Schrift und Sprache

Hebräischer Buchstabe	Name des Buchstabens	gesprochen wie	Lautschrift
א	Alef	(Knacklaut)	
ב	Bet	b / w, v	b, v
ג	Gimmel	g	g
ד	Dalet	d	d
ה	He	h	h
ו	Waw	w, v	w, u, o
ז	Sajin	s (stimmhaft: blasen)	z
ח	Chet	ch (stimmloser Kehllaut)	x
ט	Tet	t (emphatisch)	t
י	Jod	j	j, i
כ	Kaf	k (ch = Kehllaut)	k, x
ל	Lamed	l	l
מ	Mem	m	m
נ	Nun	n	n
ס	Samech	s (stimmlos: suchen)	s
ע	Ajin	stimmhafter Kehllaut	
פ	Pe	p, f	p, f
צ	Zade	z (emphatisch)	ts
ק	Kof	k (emphatisch)	k
ר	Resch	r	r
שׂ / שׁ	Sin / Schin	s / sch	s / sch
ת	Tav	t	t

a) Hebräische Buchstaben und ihre Schreibung

Die hebr. Quadratschrift hat sich aus dem Bestreben, ihre Zeichen nach Möglichkeit in ein Quadrat einzupassen, entwickelt. Man schreibt und liest sie von rechts nach links.

Die hebr. Schrift ist eine Konsonantenschrift, d.h. nur die Mitlaute werden geschrieben. Vokale (Selbstlaute) wurden, als die Sprache noch lebendig war, nicht geschrieben – mit Ausnahme langer Vokale, die vor allem am Wortende, aber auch teilweise im Inneren des Wortes schon früh durch die Buchstaben *He, Waw* oder *Jod* angedeutet wurden. Diese Zeichen können entweder Konsonanten oder Vokale bezeichnen (z.B. bedeutet *Waw* entweder den Konsonanten w oder den langen Vokal o bzw. u).

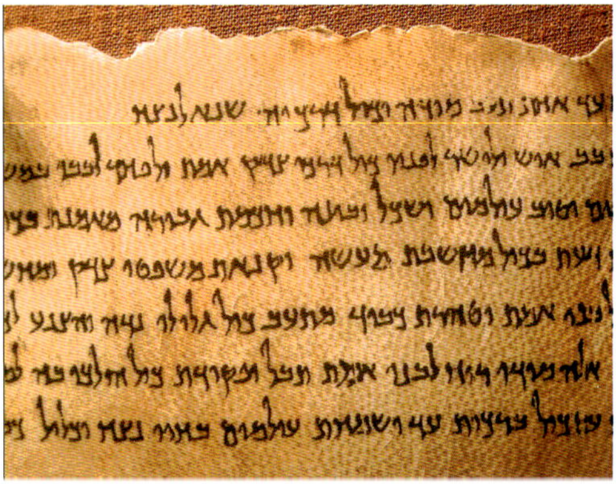

Die hebräische Schrift ist eine Konsonantenschrift und wird von rechts nach links geschrieben.

b) Punktation

Nachdem die hebr. Sprache keine „lebendige“, sondern nur mehr Gelehrten- und Kultsprache war, erfanden jüd. Gelehrte (Masoreten, Punktatoren) in der zweiten Hälfte des 1. Jahrtausends besondere Vokalzeichen (meist Punkte und Striche unter, über oder in den Konsonantenzeichen), um die Aussprache einheitlich zu überliefern.

c) Wortwurzel

Charakteristisch in der Wortbildung ist die besondere Funktion der meist aus drei Konsonanten (Mitlauten) bestehenden Wortwurzel eines Verbums, an der die allgemeine Bedeutung des Wortes haftet, während die einzelnen Wortarten und grammatischen Bildungen durch verschiedene Vokalmuster sowie durch Vorsilben, Einfügungen und Nachsilben gebildet werden.

d) Besondere Kennzeichen

Kennzeichnend für die semitischen Sprachen – und damit auch für das Hebräische – sind die zahlreichen Kehllaute, weiters, dass es nur die beiden Geschlechter Maskulinum und Femininum (kein Neutrum) gibt, und die Pronominalsuffixe (das sind persönliche und besitzanzeigende Fürwörter, die direkt an das Wort angehängt werden).

e) Geschichtliche Sprachstufen

- *Althebräisch* reicht von den ältesten Texten des Alten Testaments der Königszeit (10.–6. Jahrhundert v. Chr.) bis hin zum Hebräisch der exilisch-nachexilischen Periode, in der das Hebräische als Volkssprache immer mehr von der aramäischen Alltagssprache zurückgedrängt wurde. Jesus konnte Hebräisch (zum Lesen der Heiligen Schriften), sprach im Alltag jedoch Aramäisch.
- *Mittelhebräisch* kommt ohne scharfen Übergang in den spätesten Schriften des Alten Testaments vor (z.B. Hohelied, Kohelet, Ester, Daniel, Esra, Nehemia, 1. und 2. Chronikbuch, Jesus Sirach; also 4.–1. Jahrhundert v. Chr.) und in den außerbiblischen Texten von Qumran (2./1. Jahrhundert v. Chr.). Mittelhebräisch wird in der Sprache der Mischna und anderer rabbinischer Werke als Gelehrtensprache voll ausgebildet und enthält zahlreiche aramäische und griechische Lehnwörter. Später, im Mittelalter (6.–13. Jahrhundert), entwickelte sich ein Hebräisch, das zusätzlich Begriffe aus dem Spanischen und Arabischen aufnahm.
- *Neuhebräisch* (Ivrit) ist die seit dem Ende des 19. Jahrhunderts bewusst neubelebte, in der Grammatik gegenüber dem Bibelhebräischen etwas vereinfachte und europäisierte, im Lexikon aus verschiedenen Quellen stark bereicherte Sprache, die *Eliezer Ben-*

Jehuda nach seinem Eintreffen in Palästina 1881 geschaffen hat. Mit seinem Sohn *Ittamar Ben-Avi,* der später Journalist wurde, schuf er viele hebr. Wörter, die es in den alten Schriften nicht gibt. 1922 erklärte die britische Mandatsregierung das Hebräische als offizielle Sprache der Juden in Palästina. 1948 wurde Ivrit zur offiziellen Sprache des Staates Israel.

7.6 Hebräisches in der deutschen Sprache

Im Deutschen werden Ausdrücke verwendet, die im Hebräischen oder im Jiddischen ihre Wurzel haben. Oftmals ist es auch die Aussprache, die zu einer Verballhornung geführt hat. Einige der bekanntesten Ausdrücke sind hier alphabetisch aufgelistet.

Ausdruck	Bedeutung	Hebräischer Ursprung
Amen	So soll es sein!	*amen* (fest, wahr, gültig)
ausge-koch-t	raffiniert, klug	*chacham, chochem* (weise, klug)
Beisl	kleines Gasthaus	*beth, beith* (Haus)
dufte, toffe	gut	*tovet* (gut) [von *tov* (gut)]
Ezes (geben)	Rat, Tipp	*ezah* (Rat, Klugheit)
Ganove	Betrüger	*gannav* (Dieb)
Gauner (ursprünglich: Jauner)	Gauner	*jana* (übervorteilen) oder *jawan*
ge-schlauch-t	erschöpft	*schlacha* (zu Boden werfen)
Haberer	Freund, Genosse, Kamerad	*chaver* (Freund, Genosse)
Halleluja	Lobet Gott!	*Halellu-Jah* (Lobt JHWH!)
Hals- und Beinbruch (ursprünglich: hazloche u broche)	Segenswunsch	(Segen:) *hazelach* (sei erfolgreich!) von *zalak* (gelingen); *baruch* (gesegnet) [jiddisch *broche]*
Hosanna, Hosianna	Huldigungsruf an Gott und den Messias-König (eigentlich: „hilf doch!", „denn nur ER kann helfen!")	*hoschijah-nna* (hilf doch!) [von *jascha* (retten, helfen, befreien)]
hussen	hetzen	*huth* (nachstürmen, losgehen auf)
Jubel, Jubiläum	Jubelruf, Feier	*jobel* (Freudenruf, Hornschall)
Kaffer	dummer Kerl (vom Land)	*kafar* (Gehöft, Dorf)
Kies	Geld	*kis* (Beutel, Geldtasche)
Kluft	Gewand	*qilluf* (Schale, Rinde)
Knast	Freiheitsstrafe, Gefängnis	*kanas* (Strafe)
koscher	In Ordnung seiend, dem jüd. Gesetz gemäß	*kascher* (tauglich, religiös in Ordnung)

Macke (eine M. haben)	beklopft sein	*maka* (Schlag)
Massel	Glück	*mazzal* (Stern, Schicksal) (Gegenteil: Schlamassel = Schlimm-Massel)
mauern	sich defensiv verhalten, zurückhaltend spielen	*mora* (Furcht) [jiddisch *maure*]
mauscheln	hinter vorgehaltener Hand flüstern	*Mosche* [jiddisch Moischele (Mose), kaum *maschal* (Gleichnisrede)]
meschugge	verrückt	*meschuga* (irr)
Messias	Christus, Gesalbter	*maschiach* (Gesalbter)
neppen	betrügen	*naop* (betrügen, ehebrechen)
petzen	verraten	*pazah* (den Mund auftun)
Pleite	Bankrott	*plejta* (Flucht, hier: Flucht vor Schuldhaft)
Ramsch	wertloses Zeug	*rammauth* (Betrug)
Rutsch (Guten Rutsch!)	Neujahrswunsch	*rosch* (Kopf, Anfang, Jahresanfang) [jiddisch *rusch]*
Schmiere (stehen)	aufpassen, warnen vor ...	*schamar* (bewachen, beobachten)
Schmäh	unwahres Gerücht, Witz	*schemah* (Gehörtes, Gerücht)
Schmus	Geschwätz	*schemuoth* (Gehörtes, Gerüchte)
schummeln	einsagen, schwindeln	*schemah* (Gehörtes, Gerücht)
Stuss (reden)	Unsinn	*schtuth* (Narretei) [jiddisch *stus]*
Tacheles (reden)	Klartext (reden)	*takelith* (Vervollkommnung)
Tohuwabohu	Durcheinander, Wirrwarr	*tohu wa bohu* (wüst und leer; Gen 1,2)
Zocker (abzocken)	Spieler	*zchok* (lachen, scherzen, spielen)
Zores	Ärger, Krach, Sorgen	*Zarah* (Not)

8. Anschriften und Webadressen

8.1 Israelitische Kultusgemeinden in Deutschland

Jüdische Gemeinde Aachen
Synagogenplatz 23, 52062 Aachen

Israelitische Kultusgemeinde Schwaben-Augsburg
Haldererstr. 6–8, 86008 Augsburg

Israelitische Kultusgemeinde Baden-Baden
Werderstr. 2, 76530 Baden-Baden

Israelitische Kultusgemeinde Bamberg
Willy-Lessing-Str. 7, 96047 Bamberg

Jüdische Gemeinde zu Berlin
Fasanenstr. 79/80, 10623 Berlin

Israelitische Synagogengemeinde zu Berlin K.d.ö.R.
Tucholskystr. 40, 10117 Berlin

Synagogengemeinde Bonn
Tempelstr. 2–4, 53113 Bonn

Jüdische Kultusgemeinde Groß-Dortmund
Prinz-Friedrich-Karl -Str. 9, 44135 Dortmund

Jüdische Gemeinde zu Dresden
Hasenberg 1, 01067 Dresden

Jüdische Gemeinde Düsseldorf K.d.ö.R
Zietenstr. 50, 40476 Düsseldorf

Jüdische Landesgemeinde Thüringen
Juri-Gagarin-Ring 16, 99084 Erfurt

Jüdische Kultusgemeinde Essen
Sedanstr. 46, 45138 Essen

Jüdische Gemeinde Frankfurt K.d.ö.R
Westendstr. 43, 60325 Frankfurt

Israelitische Gemeinde Freiburg
Nußmannstr. 14, 79098 Freiburg

Israelitische Kultusgemeinde Fürth
Blumenstr. 31, 90762 Fürth

Jüdische Gemeinde Fulda
Von-Schildeck-Str. 13, 36043 Fulda

Liberale Jüdische Gemeinde Giesen e.V.
Bahnhofstr. 40, 31189 Giesen

Jüdische Gemeinde
Burggraben 6, 35390 Gießen

Jüdische Gemeinde
Postfach 22–02, 37047 Göttingen

Jüdische Gemeinde in Hamburg
Schäferkampsallee 27, 20357 Hamburg

Jüdische Gemeinde K.d.ö.R.
Haeckelstr. 10, 30173 Hannover

Liberale jüdische Gemeinde Hannover e.V.
Freundallee 27, 30173 Hannover

Jüdische Kultusgemeinde
Häusserstr. 10–12, 69115 Heidelberg

Jüdische Gemeinde K.d.ö.R.
Bremer Str. 3, 34117 Kassel

Jüdische Gemeinde
Schwerzstr. 14, 56073 Koblenz

Jüdische Liberale Gemeinde Köln
Gescher LaMassoret e.V.

Synagogen-Gemeinde
Ottostr. 85, 50823 Köln

Israelitische Religionsgemeinde zu Leipzig
Löhrstr. 10, 04105 Leipzig

Jüdische Gemeinde K.d.ö.R.
Forsterstr. 2, 55118 Mainz

Liberale Israelitische Kultusgemeinschaft Mainz e.V.
Am Karthäuserhof 13, 55129 Mainz

Jüdische Kultusgemeinde
Albertusstr. 54, 41061 Mönchengladbach

Israelitische Kultusgemeinde München
und Oberbayern K.d.ö.R.
St.-Jaobs-Platz 18, 80331 München

Jüdische Gemeinde
Klosterstr. 8–9, 48143 Münster

Israelitische Kultusgemeinde
Johann-Priem-Str. 20, 90411 Nürnberg

Jüdische Gemeinde K.d.ö.R.
In der Barlage 41, 49078 Osnabrück

Jüdische Kultusgemeinde
Pipinstr. 32, 33098 Paderborn

Jüdische Gemeinde
Am Brixener Hof 2, 93047 Regensburg

Israelitische Religionsgemeinschaft Württembergs
Hospitalstr. 36, 70174 Stuttgart

Jüdische Gemeinde
Kaiserstr. 25, 54290 Trier

Jüdische Gemeinde
Friedrichstr. 31–33, 65185 Wiesbaden

Jüdische Kultusgemeinde
Friedrich-Ebert-Str. 73, 42103 Wuppertal

Israelitische Gemeinde
Valentin-Becker-Str. 11, 97072 Würzburg

weitere Kultusgemeinden unter:
http://www.doronia.de/juedische_gemeinden_in_deutschland.htm; http://www.synagoge.de

8.2 Jüdische Museen

Jüdisches Museum Berlin –
www.juedisches-museum-berlin.de

Jüdisches Museum Frankfurt/Main –
www.juedischesmuseum.de

Jüdisches Museum Franken (Fürth und Schnaittach) – mit einer hervorragenden Linkliste zu weiteren jüd. Museen in Deutschland und ganz Europa –
www.juedisches-museum.org

Jüdisches Museum München – http://www.muenchen.de/Rathaus/kult/museen/juedisch/39444/index.html

Jüdisches Historisches Museum Amsterdam – www.jhm.nl

„Beth Hatefutsoth" ist das Tel Aviver Nahum-Goldmann-Museum zur Geschichte der jüd. Diaspora – www.bh.org.il

„Netzwerk Geschichte und Leben der Juden in NRW" ist ein Zusammenschluss von Vermittlungs- und Forschungseinrichtungen zum Judentum in Nordrhein-Westfalen – http://www.steinheim-institut.de

8.3 Webadressen

www.audio/hebrew_audiobible-dtn.htm
www.talmud.de
www.hagalil.com
www.jg-regensburg.de
www.israelnetz.de
www.judentum.net
www.bibelwissenschaft.de
www.lernprojekt-religion.ch/Bilderkatalog/Judentum
www.buecher.hagalil.com
www.doronia.de

8.4 Anschriften in Österreich

a) Israelitische Kultusgemeinden
Israelitische Kultusgemeinde Wien
Seitenstättengasse 4, 1011 Wien, www.ikg-wien.at

Israelitische Kultusgemeinde Graz
David-Herzog-Platz 1, 8020 Graz, www.ikg-graz.at

Israelitische Kultusgemeinde Salzburg
Lasserstrasse 8, 5020 Salzburg, www.ikg-salzburg.at

Israelitische Kultusgemeinde Linz
Bethlehemstrasse 26, 4020 Linz
www.ph-linz.at/LuF/be/synagoge/

Israelitische Kultusgemeinde Innsbruck
Sillgasse 1, 6020 Innsbruck, www.ikg-innsbruck.at

b) Christlich-jüdische Verständigung
Koordinierungsausschuss für christlich-jüdische Zusammenarbeit
Gentzgasse 14/5/1, 1180 Wien, www.christenundjuden.org

Jüdisches Institut für Erwachsenenbildung
Praterstern 1, 1020 Wien, www.jud-institut-wien.at

Österreichisch-Israelische Gesellschaft
Lange Gasse 64/II/15, 1080 Wien, www.oeig.at

Aktion gegen den Antisemitismus in Österreich
Maria Theresienstraße 9/8b, 1090 Wien

Österreichisch-Israelische Gesellschaft
Lange Gasse 64/II/15, 1080 Wien

Verein Gedenkdienst
Treitlstrasse 3, 1040 Wien, www.gedenkdienst.at

Dokumentationsarchiv des österreichischen Widerstandes
Wipplingerstraße 8, 1010 Wien, www.doew.at

c) Jüdische Museen in Österreich
Jüdisches Museum der Stadt Wien
Dorotheergasse 11, 1010 Wien, www.jmw.at/

Österreichisches Jüdisches Museum
Unterbergstraße 6, 7000 Eisenstadt, www.ojm.at/

Jüdisches Museum Hohenems
Schweizer Straße 5, 6845 Hohenems, www.jm-hohenems.at/

d) Publikationen
Die Gemeinde, Offizielles Organ der Israelitischen Kultusgemeinde Wien, Seitenstettengasse 4, 1011 Wien

Keschet, Mitteilungsblatt der Jüdisch-liberalen Gemeinde Wien, Postfach 1454, 1011 Wien

Illustrierte Neue Welt (gegründet 1897 von Theodor Herzl)
Judengasse 1a/V/25, 1010 Wien

Das Jüdische Echo, Zeitschrift für Kultur & Politik, hg. von den jüdischen Akademikern Österreichs und der Vereinigung jüdischer Hochschüler Österreichs
Stephansplatz 10, 1010 Wien

Dialog-Du Siach, christlich-jüdische Informationen
Gentzgasse 14/5/1, 1180 Wien

e) Institute und Bibliotheken
Dokumentationszentrum des Bundes jüdischer Verfolgter des Naziregimes, Salztorgasse 1, 1010 Wien

Institut für Geschichte der Juden in Österreich
Dr. Karl Renner-Promenade 22, 3100 St. Pölten

Bibliothek des Jüdischen Museums
Seitenstettengasse 4/I, 1010 Wien

Chaj – Jüdische Buchhandlung
Praterstrasse 40, 1020 Wien

9. Weiterführende Literatur

Roland Gradwohl, Frag den Rabbi. Streiflichter zum Judentum, Stuttgart ^{2}1995 (Calwer Taschenbibliothek 34)

Monika Grübel, Judentum (DuMont Schnellkurs), Köln ^{7}2006 (bes. zu 2.3e)

Christina Kayales – Astrid Fiehland-van der Vogt (Hgg.), Was jeder vom Judentum wissen muss, Gütersloh ^{10}2007 (GTB 788)

Albrecht Lohrbächer u.a. (Hgg.), Was Christen vom Judentum lernen können. Anstöße – Materialien – Entwürfe, Stuttgart 2006

Israel Meir Lau, Wie Juden leben. Glaube – Alltag – Feste, Gütersloh ^{6}2008

Jonathan Magonet, Einführung ins Judentum, Berlin 2004

Theodor Much, Zwischen Mythos und Realität. Judentum, wie es wirklich ist, Wien 2008

Jakob Petuchowsky – Clemens Thoma, Lexikon der jüdisch-christlichen Begegnung. Hintergründe – Klärungen – Perspektiven, Freiburg 1997

Rolf Rendtorff, Christen und Juden heute. Neue Einsichten und neue Aufgaben, Neukirchen 1998

Gilbert S. Rosenthal – Walter Homolka, Das Judentum hat viele Gesichter, München 2006

- **Bücher und Materialien** können **auch im Bibelwerk Linz** bestellt werden: www.dioezese-linz.at/bibelwerk, bibelshop@dioezese-linz.at
- Als Materialpaket gibt es im Bibelwerk Linz den **Judentumskoffer zum Entlehnen**; er enthält viele Gegenstände, die jüd. Leben veranschaulichen.

Bildrechte

Alle in diesem Verzeichnis nicht angeführten Bilder stammen vom Bibelwerk Linz. Die Graphiken auf den Seiten 16, 61, 65 und 82 sind entnommen aus: Franz Kogler (Hg.), Herders Neues Bibellexikon, Stuttgart 2008.

Eidenberger P. Hans SM, Mag., Greisinghof, Tragwein: 6, 8, 10, 20, 31, 32, 55o, 75, 77u

Israel-Bildarchiv der Qumran- & Bibelausstellung Sylt, Alexander Schick, www.bibelausstellung.de: 7, 26, 53, 54, 74, 78, 90

Krammer Engelbert, Dr., Mauthausen: 15

Penner Ingrid, Bibelwerk Linz: 5, 9, 11, 12, 17, 19, 24, 25, 29, 33, 44, 45, 51, 55u, 56, 59, 62, 79, 80o, 83, 84, 87, 88o, 88u

Urbanz Werner, Univ.-Ass. Dr., Katholisch-Theologische Privatuniversität Linz: 57

Wamser Roland, Dr., Wels: 27

Wikipedia: 28, 37, 49, 73

Winkler Rudolf, Engerwitzdorf: 39, 46, 52, 77o, 81

Wögerer Erich, Schwertberg: 13, 14, 23, 30, 67

Produkte aus dem Bibelwerk Linz

Herders Neues Bibellexikon

Zu sämtlichen Themen der Bibel bietet Herders Neues Bibellexikon umfangreiche Informationen auf dem neuesten Stand der Wissenschaft. Über 5.000 Artikel geben Auskunft über alle Orte, Personen und Objekte, die in der Bibel eine Rolle spielen, über 100 bibeltheologische Basisartikel liefern wertvolles Hintergrundwissen zu biblischen Büchern und zentralen Gestalten. Die zahlreichen farbigen Abbildungen illustrieren die allgemein verständlichen Texte.

*Franz Kogler (Hg.), Herders Neues Bibellexikon, Freiburg (Herder Verlag) 2008, 21 x 28 cm, 864 Seiten inkl. CD-ROM (mit gesamtem Text), € **59,70***

Gebet-Spiritualität

8 Hefte (mit jeweils ca. 24 Seiten) werden in einer Mappe angeboten. Diese sind sehr ansprechend (vierfärbig) aufbereitet und bieten neben grundlegenden Einführungen eine Vielzahl von Bildern, Gebeten und Impulsen (auch für Gruppen). Eine Einladung, sich selbst ins Gebet hineinnehmen zu lassen.

*Mappe mit 8 Heften € **30,--***
*als Fernkurs (mit Fragebögen und Betreuung) € **45,--***

Expedition Bibel

Die überaus erfolgreiche CD-ROM des Bibelwerks mit zahlreichen theologischen Artikeln, Bildern, Spielen, Musik, Kopiervorlagen, ... – so macht Bibel-Entdecken wirklich Spaß! Nähere Informationen dazu: www.bibelspiele.at

*CD-ROM „Expedition Bibel", Linz (Kath. Bibelwerk) 2005, € **24,90***

Methodenwerkstatt Bibel

42 leicht umsetzbare, kreative Methoden für Jugendliche laden zum Entdecken biblischer Inhalte ein. Töpfern, Backen, Raten, Musizieren, Rollenspiel u. a. sprechen dabei verschiedene Sinne und Zugänge zur Bibel an. Arbeitsblätter und Vorlagen sind im umfangreichen Anhang als Kopiervorlagen gleich dabei.

*I. Penner/F. Kogler, Das hat Sinn. Methodenwerkstatt rund um die Bibel, Praxisreihe konkret, Stuttgart (Kath. Bibelwerk) 2005, 144 Seiten, € **15,40***

Wenn Gebet Bewegung wird

Dieses Buch bietet neben den Tanzchoreographien für über 20 Tänze zu biblischen Texten und Themen auch kurze theologische Einführungen und Impulse zu den Bewegungen. Vom Aufbruch Abrahams aus Ur, vorbei an Scheidewegen, über Durststrecken und Vertrauensbrücken bis hin zum Osterjubel reicht die Palette an Themen. Komplett mit der Musik zu mehr als 20 Tänzen auf der eingelegten CD!

*I. Penner/Sr. Th. Dauser/F. Kogler, Wenn Gebet Bewegung wird. Tänze zur Bibel, 144 Seiten, inkl. CD, Verlag Tyrolia 2006, € **19,90***

Materialpaket: Bibel *einfach* lesen

Neben einem Handbuch für vier Einheiten enthält das Materialpaket auch 40 Overheadfolien und eine CD-ROM mit Präsentationen und zahlreichen Ideen für die Bibelarbeit.

*Bibel einfach lesen (inkl. Handbuch, Folien, CD-ROM, u.v.a.m.), Linz (Kath. Bibelwerk) 2007, € **39,90***

Bestelladresse siehe Umschlagseite!